ES LEBE DER TOD

Dr. Rudolf Likar · Dr. Georg Pinter · Dr Herbert Janig
Dr. Thomas Frühwald · Dr. Karl Cernic

ES LEBE DER TOD

Tabuthema Sterben

Aufgezeichnet von

ueberreuter

Andrea Fehringer & Thomas Köpf

Dieses Buch widmen wir
dem Leben.

Danke, dass Sie sich für unser Buch entschieden haben!
Sie wollen mehr über unsere Bücher erfahren und über unser Programm auf dem Laufenden bleiben? Befreunden Sie sich mit uns auf Facebook, folgen Sie uns auf Instagram oder abonnieren sie unseren Newsletter.
Wir freuen uns auf Sie!

2. Auflage 2021

ISBN 978-3-8000-7775-5

Covergestaltung: Saskia Beck, s-stern.com
Satz: Hannes Strobl, Satz·Grafik·Design, Neunkirchen
Druck und Bindung: finidr, Český Těšín
www.ueberreuter.at

INHALT

Die Autoren

Hon.-Prof. Mag. Dr. Karl Cernic, MAS ist seit 2018 Geschäftsführer des Kärntner Gesundheitsfonds und seit 2020 Mitglied des Vorstandes der FH Kärnten University of Applied Sciences, davor seit über 16 Jahren in mehreren Stationen am Klinikum Klagenfurt, zuletzt als kaufmännischer Direktor des Klinikums, tätig. Sein umfangreiches Wissen vermittelte er als Lehrbeauftragter an der Universität Klagenfurt, der Fachhochschule Kärnten, IMC Krems und weiteren Bildungseinrichtungen. Er ist Autor zahlreicher Publikationen.

Prof. Dr. Thomas Frühwald ist Facharzt für Innere Medizin und seit 1983 in der Geriatrie tätig. U. a. Oberarzt am Haus der Barmherzigkeit in Wien, Oberarzt an der geriatrischen Universitätsklinik Genf, Oberarzt im Geriatriezentrums am Wienerwald, Oberarzt im Krankenhaus Hietzing. Mitarbeit in diversen ExpertInnengruppen zum Thema Geriatrie. Weiters war er an einigen Universitäten als Lehrbeauftragter für Geriatrie tätig. Er ist u. a. Mitglied des Wiener Beirates für Bio- und Medizinethik, Mitglied des Beirates für Altersmedizin des BM für Gesundheit und Mitglied der Österreichischen Bioethikkommission.

Univ.-Prof. Dr. Herbert Janig ist Klinischer und Gesundheitspsychologe, Prof. i. R. an der Alpen- Adria-Universität Klagenfurt. Ehem. Leitung des Studienbereichs »Gesundheit und Pflege« an der FH Kärnten. Arbeitsschwerpunkte: Projektbegleitung im Gesundheitsbereich.

Univ.-Prof. Dr. Rudolf Likar ist Facharzt für Anästhesiologie und allgemeine Intensivmedizin, außerdem Spezialisierung auf den Gebieten der Schmerztherapie und Palliativmedizin. Er ist Vorstand der Abteilung für Anästhesiologie und Intensivmedizin am Klinikum Klagenfurt und Vorstand der Abteilung für Anästhesiologie und Intensivmedizin am LKH Wolfsberg. Lehrstuhl für Palliativmedizin an der SFU Wien. Gerichtssachverständiger für Anästhesiologie, allgemeine Intensivmedizin und Palliativmedizin. Erster Vizepräsident der Österr. Palliativgesellschaft (OPG). Past Präsident ÖGARI, Generalsekretär der Österreichischen Schmerzgesellschaft (ÖSG).

Dr. Georg Pinter ist Vorstand des Zentrums für Altersmedizin am Klinikum Klagenfurt, Facharzt für Innere Medizin/ Geriatrie, außerdem Sektionsleiter für Klinische Geriatrie der Österreichischen Gesellschaft für Geriatrie und Gerontologie (ÖGGG).
Weiters ist er medizinisch wissenschaftlicher Leiter der Schule für Gesundheits- und Krankenpflege des Landes Kärnten am Klinikum Klagenfurt und Co-Referent für Geriatrie der Österreichischen Ärztekammer.

Der Eremit

Auf dem Berg Athos zieht Nebel auf. Es ist ganz still. Eine Möwe kreist am Himmel, kreischt zweimal, fliegt weiter, als hätte sie ein Ziel und alles verstanden. Der Berg, die Weite, das Meer. Die Luft mit einer Reinheit, die alle Lungen füllt und jeden Geist klärt. Manche Plätze auf dieser Erde sind Kraftorte, und das ist so einer.

Alles strömt Kraft aus und Ruhe.

Am Fuße des Bergs legt ein Schiff an. Ein paar Besucher betreten das Land, sehen sich um, nehmen erste Eindrücke in sich auf. Ehrfurcht und Erwartung. Der Skipper legt wieder ab. Die Besucher machen sich auf den Weg. Ein Pfad führt hinauf auf den Berg. Man darf höchstens vier Tage bleiben. Vielleicht nimmt sich der Eremit Zeit für ein Gespräch. Es wäre wichtig für das Buch.

Der Legende nach ist die Jungfrau Maria auf ihrer Reise nach Zypern hier vorbeigekommen. Die Schönheit der 350 Quadratkilometer großen Halbinsel im Nordosten Griechenlands hat sie überwältigt. Gott, so erzählt man, hätte ihr daraufhin den Berg Athos als Geschenk gemacht. Als Garten, als Denkmal ihrer weiblichen Reinheit, nur bestimmt für sie als Jungfrau Maria. Ein heiliger Platz. Seit dem 10. Jahrhundert dürfen Frauen aus diesem Grund den Ort nicht betreten. Auch keine weiblichen Tiere sind willkommen; die einzige Ausnahme sind Katzen. Der Blick von oben, wo die Vögel schweben, ist einzigartig. Zwanzig Klöster stehen aneinandergereiht als kleine Stadt und bilden die Mönchsrepublik. In bunten Farben gehalten, gebaut aus mittelalterlichem Stein.

Zweitausend Mönche leben auf dem Berg Athos in einer anderen Welt, in einem Zustand gesteigerter Wahrnehmung.

Ihr Geist hat eine höhere Stufe erreicht. Ihre Weisheit ist groß. Auf dem Berg Athos laufen die Uhren anders. Die Zeit, wie wir sie kennen, gilt hier nicht. Es gibt einen eigenen Ablauf nach byzantinischem Uhrwerk. Mitternacht ist, wenn die Sonne untergeht. Bis dahin sind es noch ein paar Stunden. Minuten sind nicht wichtig, Stunden nur umrissen, Tage vage. Es gibt keine Eile, keine Hast, keine Termine und kein Internet. Digitalisierung, Optimierung, Leistungsdrang. Diese Dinge sind bedeutungslos.

Das russisch-orthodoxe Großkloster Panteleimon ruht seit dem 12. Jahrhundert oben auf dem Berg wie ein Bollwerk. Es hat alles gesehen, alle Kriege, alle Feldherren, alle Freuden und Veränderungen, Abertausende Umdrehungen des Planeten. Die Doppelkirche im vierten Stock ist mit Goldschmuck verziert. Die Zarenglocke wiegt zwölf Tonnen. Ihr Gong klingt weit über den Berg Athos hinweg. Mit ihrem Schall wird die Mystik in die Welt hinausgetragen. Alles ist mit Schwingungen verbunden. Unsichtbare Fäden, die alles verweben. Viel Schall, wenig Rauch.

Jemand atmet.

Ein. Und aus.

Ein Novize geht durch das Gästehaus und wird zur Ekklesia gerufen, zur Versammlung in der Kirche. Die Morgenliturgie dauert drei Stunden. Danach machen sich die Mönche auf zur Trapezia, zum Mahl. Das Laben beginnt mit einem Gebet. Gegessen wird nur, was in der Umgebung wächst, in Demut vor der Natur. Der Mensch nimmt es in sich auf. Obst, Gemüse, Brot, Honig. Es gibt getrocknete Feigen, Krautsuppe, Fisch, aber nie Fleisch, nie.

In der Kirche verbringt der Besucher neun Stunden am Tag. Bei Kerzenlicht ertönen vierstimmige Choräle. Das Ambiente lässt die Menschen ganz von allein in eine Phase tiefer Meditation gleiten. Man ist mit sich völlig im Reinen. Abgeschirmt von äußeren Einflüssen. Das Innere füllt sich mit einem warmen Strom aus Liebe und Geborgenheit. Wenn die Sonne untergeht, kommt der Mönch mit den Schlüsseln und schließt die Tore. Alles ist friedlich und austariert, in abgestimmter Harmonie. Bevor es dunkel wird und der Sternenhimmel aufzieht.

Ermolaos sitzt beim heiligen Brunnen.

Der Eremit hat die gesamte Bibliothek aufgebaut und jedes einzelne der 25.000 Bücher inventarisiert. Jetzt kommt er nur mehr selten ins Kloster und redet wenig. Für dieses Buch hat er sich Zeit genommen, weil der Inhalt wichtig ist, die Aussage, das Erfassen. Der Tod, ach ja. Ermolaos hat schon mehrere Bücher geschrieben, in denen er das Leben der Mönche darstellt. Er lebt in einem Kellion, einem kleinen Kloster, wo er sich genug ist. Hin und wieder hat er spärlichen Kontakt zu den anderen.

Er weiß, dass es Schakale gibt, wenn er vom Kellion hinunter zur Kirche geht. Er hat keine Angst vor ihnen. Wenn der geistige Vater ihn beauftragt hinunterzugehen, wird er von keinem Tier angegriffen. Die Schakale weichen ihm aus.

»Es ist wichtig, dass man das Weltliche abstreift«, sagt er. Ermolaos schaut aus wie der junge Luciano Pavarotti, mit seinem Bart und dem schwarzen Mönchsgewand. »Es gibt einen Unterschied zwischen Tier und Mensch. Der Mensch kann beten.«

Sein Leben besteht aus sechs Stunden Schlaf, vier Stunden schreibt er seine Gedanken nieder, den Rest verbringt er im Gebet. Zeit spielt keine Rolle. Er weiß nicht, welcher Monat, welcher Wochentag, wie spät es ist. Er schreibt, was er fühlt, was er denkt. Das einzig Lebendige, das ihn umgibt, ist Pinscho, sein Hund. Ermolaos reicht dem Besucher die Hand und bietet ihm das Du-Wort an. Er nimmt sich die Zeit, die großen Fragen zu beantworten.

»Glaubst du, gibt es ein Leben nach dem Tod?«, fragt der Besucher.

Ermolaos lächelt und nickt. »Ich glaube es nicht, ich weiß es.«

»Was bedeutet der Tod für dich?«, fragt der Besucher weiter.

»Er ist für mich ein Übergang. Ich bin sicher, dass jeder Mensch in seiner Seele fühlt. Die Seele ist das Leben. Unsere Seele lebt zeitweise in unserem Leib, dann muss sie unseren Leib verlassen und in einer anderen Welt auf ewig weiterleben. Deshalb ist der Tod für mich nur ein Übergang. Mir ist egal, wann das geschieht. Ich will es nicht, ich strebe nicht danach. Ich habe absolut keine Angst. Ich bin sicher, mein Geist wird weiterleben. Was ich fühle, ist nicht mein Leib, das ist die Seele. Ich spreche mit meiner Seele, ich fühle meine Seele. Der Leib ist nur dazu da, Gefühle zu empfinden, etwas Materielles zu schaffen ist nicht das Wichtigste, das Wichtigste ist die Seele. Die Seele wird in Ewigkeit bleiben, deshalb – warum soll ich vor dem Tod Angst haben?«

Der Besucher denkt nach und fragt: »Warum haben die Menschen dann Angst vor dem Tod?«

»Weil sie keine Sicherheit haben, dass die Seele ewig leben wird. Um diese Sicherheit zu erlangen, muss man Gott kennenlernen. Die Menschen kannten Gott, haben den Kontakt zu ihm aber verloren und damit die Gewissheit, dass sie ewig leben werden. Ohne Gott ist das nicht sicher, deshalb suchen Mönche, geistliche Menschen, den Kontakt zu Gott, die meisten erreichen diesen Zustand. Diese Verbindung geschieht einmal unter einer Million Male. Und wenn es dazu kommt, dann kann der Mensch bestätigen, dass diese Verbindung möglich ist und die Seele ewig bleiben wird.«

Der Besucher wird stutzig, zweifelt an den Worten. Der Eremit kennt das. Er fragt weiter: »Gibt es einen Übergang vom Leben zum Tod? Geschieht das langsam?«

Ermolaos antwortet ohne nachzudenken: »Nein, es gibt kein Aufhören, die Seele bleibt. Was ein Mensch fühlt, kann niemand auslöschen. Wir alle sind Teile Gottes. Unsere Seele ist nicht geschaffen, sondern von Gott gegeben. Unser Leib ist geschaffen und unsere Seele ist mit diesem Leib verbunden. Und weil wir Teile Gottes sind, bleiben wir auf Ewigkeit.«

Der Besucher fragt: »Wen treffen wir dann dort in der Ewigkeit?«

Der Eremit kratzt sich den Bart. »Gott können wir auch hier und jetzt treffen, das ist wie mit sich selbst zu sprechen. Was bedeutet das? Wie ich mir verzeihe, wie ich mit mir spreche, wie ich mit mir im Herzen rede, genau so wird das Treffen mit Gott sein, denn wir sind ein Teil von ihm. Wenn wir ein Teil Gottes sind, dann sind wir alle miteinander verbunden. Ohne dich, lieber Besucher, der du vor mir stehst, gibt es keinen Gott, ohne mich gibt es keinen Gott, ohne Giuseppe Verdi gibt es keinen Gott. Jeder ist ein Teil von Gott. Wir alle sind Gott und wir alle sind einig und ewig.«

Das ist schwerer Tobak, denkt der Besucher, aber der Eremit scheint mehr zu wissen, weshalb der Besucher dranbleibt und nachhakt: »Hattest du nie Angst vor dem Tod?«

»Seitdem ich Gott gefunden habe, habe ich keine Angst.«

»Und vorher?«

Der Eremit lächelt. »Vorher, ja. Vorher hatte ich wie jeder Mensch Angst. Ich dachte, dass ist ein lösbares Problem. Ich dachte, Gott existiert und ich muss ihn finden. Als ich ihn gefunden habe, ist diese Angst verschwunden.«

Ermolaos steht auf und deutet weiterzugehen. Er führt in einen Raum, in dem Hunderte Totenköpfe Reihe um Reihe in Regalen liegen und die Besucher anstarren. Makabre Ausstellungsstücke.

»Wenn Mönche am Berg Athos sterben, werden sie nur für drei Jahren in der Erde begraben. Danach werden sie exhumiert und ihre Schädel aufbewahrt. Siehst du die unterschiedliche Verfärbung?« Er nimmt einen Totenkopf in die Hand und zeigt auf die dunklen Stellen. »Es kann sein, dass der Knochen schwarz wird, dann war der Mönch mit sich nicht im Reinen, und wenn er heilig war, dann ist die Farbe des Knochens hellgelb bis golden. Bleibt der Kopf weiß, ist der Mönch schlecht gewesen. So will es die Legende. Aber sprechen wir lieber über die Ewigkeit.«

»Ist es egal, wie man begraben wird?«

»Ja, völlig gleichgültig. Auch wenn man verbrannt wird, Gott kann dich überall finden. Man bleibt in Ewigkeit, die Seele bleibt. Auch den Leib kann Gott finden. Denn auch vom Leib bleiben Spuren.

Jedes Wort des Eremiten zeugt von einer tiefen Weisheit.

»Soll man mit Kindern über den Tod sprechen?«

Ermolaos denkt kurz nach. »Erwachsene haben selbst Schwierigkeiten, den Tod als Teil des Lebens zu akzeptieren. Wie soll man über etwas sprechen, das man nicht kennt? Kinder müssen wissen, dass das leibliche Leben einzigartig ist. Die Seele entwickelt sich nur im irdischen Leben, nach Verlassen des Leibs ist das nicht mehr möglich. Kinder müssen wissen, dass sie anständig leben, dass sie alles geben sollen und sich auch bemühen sollen, das zu verwirklichen. Das muss jeder Mensch seinem Kind beibringen.«

»Macht Gott einen Unterschied, ob jemand ein Verbrecher ist oder sein ganzes Leben anständig gelebt hat?«

Er lächelt. »Absolut nicht. Es gibt zahllose Ursachen, um zu einem Verbrecher zu werden. Ein Mensch wird auf einer Insel geboren, ein zweiter in einem Schloss, ein dritter im Dschungel. Keiner kann etwas dafür, dass es keine gerechte Verteilung von Gütern und große geografische Unterschiede gibt. Jeder braucht zu essen, jeder will ein gutes Leben haben. Wenn ein Mensch zum Verbrecher wird, so hat die Gesellschaft Schuld. Eltern, Schule, soziale Umgebung können einen guten oder einen schlechten Einfluss ausüben. Die Menschen haben viel falsch gemacht. Tausende Jahre Ungleichheit in der Gesellschaft haben dazu geführt, dass Menschen Verbrechen begehen. Und jetzt richten wir über sie. Gott wird das nie machen, wenn man ihn anerkennt und um Vergebung bittet.«

»Warum greift niemand ein und sagt, wir müssen wieder eine liebende Gesellschaft werden?«

Der Eremit schüttelt den Kopf. »Menschen setzen auf Gewalt. Solange sie nicht die Liebe als Fundament der Zivilisation erkennen, werden die Probleme bestehen bleiben.

Ich erzähle dir einen Traum – meinen Gebetstraum: Drei Neandertaler laufen in einen Wald. Dort sehen sie, die fast wie Tiere waren, das erste Mal Feuer. Zuerst ist der Schrecken groß, dann wagt einer der drei, den brennenden Stock in die Hand zu nehmen. Und er begreift, dass Feuer möglich ist. Dann sagt er zu seinen zwei Begleitern: Gott hat uns Kraft gegeben, seine göttliche Kraft. Jetzt sind wir Gottes auserwählte Menschen. Wir wurden gerufen, Gott zu dienen. Das ist ein Zeichen. Jetzt müssen wir allen Menschen sagen, dass wir auserwählt wurden, Gott zu dienen und dieses Geschenk zu bewahren. Der zweite sagt: Vielleicht will Gott, dass wir ihn weiter suchen. Wir wissen doch nicht, wie wir ihm dienen sollen. Er hat Zweifel, er weiß nicht, wie er weitermachen soll. Der Dritte sagt: Vielleicht kommt das gar nicht von Gott. Die drei Menschen haben gegeneinander gehandelt. Der Erste hat gewonnen. Er hat gesagt, dass er ausgewählt wurde, er ist jetzt Priester, er kann einen anderen Menschen zum König machen, er ist auserwählt, um allen anderen Menschen das zu erklären.

Dann hat die Geschichte der Menschheit begonnen und es war alles falsch. Diese drei Quellen: Gott zu dienen, zu zweifeln oder absolut zu verweigern. Diese drei Möglichkeiten haben sie nicht erkannt. Nur eine haben sie gewählt: Gott zu dienen. Aber sie wussten nicht, wie, und sie haben alles falsch gemacht. Dann wurde die Gesellschaft aufgebaut, Zivilisation entwickelte sich. Deshalb ist die Liebe zweitsächlich geworden und die Menschen haben sich gegenseitig umgebracht. Die Weltkriege sind die Folge davon, dass Menschen die falsche Richtung gewählt haben. Seit siebzig Jahren versuchen die Menschen, das alles wiedergutzumachen, versuchen, dass die Liebe wieder zurückkehrt. Aber das geht sehr langsam. Die Menschheit braucht Zeit. Ich bin sicher, nach fünfhundert oder tausend Jahren wird niemand über Nationalitäten sprechen, über Grenzen, Kriege und Waffen, das wird alles lächerlich sein. So wie es jetzt lächerlich ist, über Weltkriege zu sprechen. Menschen schämen sich, sich daran zu erinnern. Die Menschheit braucht Zeit.«

»Haben wir das Recht, nach ewigem Leben zu streben?«

»Warum nicht? Ja, das ist alles von Gott. Der Mensch allein kann nichts schaffen. Gott hat alles vorausgeplant, in unserem

Leib, in unserem Gehirn. Wir müssen es nur entdecken. Wir können nichts entdecken, was nicht existiert. Du findest nur etwas, das schon lange existiert. Genetik, Gentechnik – alles wurde von Gott vorausgedacht. Ich lüge nicht. Ich habe Gott gesehen und weiß, was er will. Er will, dass wir alle Teile der Liebe werden, jede Sekunde sollen wir nur nach Liebe streben.«

»Hast du den Tod schon gesehen?«

»Der Tod existiert nicht. Das ist eine Nanosekunde. Wie soll man etwas sehen, das nicht existiert?«

»Du bist wohl schon viel näher bei Gott als andere.«

»Nein, das macht keinen Unterschied. Um Gott näher zu kommen, braucht man Liebe. In welcher Form man diese Liebe verbreitet, ist egal. Als Mönch, Arzt, Prediger, Alpinist – in der Liebe aufzugehen bedeutet, den Egoismus aufzuheben und für alle anderen Menschen zu leben. Zu erkennen, dass jeder andere Mensch ebenso Teil Gottes ist wie ich selbst, das ist Liebe. Wenn man das erkennt, wenn man weiß, dass jeder Mensch ein unaufhörlicher Teil Gottes ist, warum soll man dann egoistisch sein? Wenn man sich dessen ständig bewusst ist, dann ist man bei Gott – hier auf Erden als Mönch oder Arzt oder irgendein anderer Mensch.«

Draußen ertönt ein mächtiger Gong. Es ist langsam Zeit, zu gehen. Das Schiff wartet.

Die Möwe zieht ihre Bahnen.

Jemand atmet.

Ein. Und aus.

Der Nebel hat sich aufgelöst. Hinter dem Berg Athos geht die Sonne unter. Der Tag neigt sich dem Ende zu. Jemand betet.

Alles fügt sich zusammen, Anfang und Ende.

Alles ist.

Das große Tabu

Wenn die Rede auf das Thema Sterben kommt, gehen die Menschen zwei Wege: Entweder sie legen Scheuklappen an und verleugnen den Tod gänzlich oder sie machen sich lustig darüber und verdecken den Schrecken durch makabre Witzeleien. Der Wiener insbesondere. Was gibt es Eleganteres als »a schene Leich'«? Der Tod als Sinnbild für den Hang zum Morbiden.

»Der Tod, das muss ein Wiener sein«, hat Georg Kreisler einmal gesagt.

Gut, dass wir aus Kärnten sind.

Wir Ärzte wollen aufklären, Hoffnung geben. Der Tod ist nicht so furchtbar, wie alle meinen. Er gehört zum Leben, man darf ihn nicht ausblenden.

Im Alltag von Ärzten ist der Tod etwas Paradoxes. Auf der einen Seite begegnen wir ihm fast täglich, auf der anderen Seite gilt im Spital das ungeschriebene Gesetz: Der Tod existiert nicht. Als würde der Tod eines Patienten ein Scheitern des Arztes bedeuten. Genau das stimmt nicht. Der Tod ist keine Option, eine schwarze Chimäre, die durch die Gänge huscht, nicht greifbar, nicht wirklich da im Realen.

Interessant: Sterbende weinen am Ende nie. In den letzten Augenblicken sind sie meistens mit sich im Reinen. Friedlich, bevor sie loslassen. Das Leid und die Trauer treffen immer die Angehörigen, die Hinterbliebenen.

Als Mediziner müssen wir uns diesem Tabuthema stellen, es ernsthaft und umfassend besprechen. Es stellt sich die Frage: Wann beginnt das Sterben und wann endet das Leben wirklich?

Mit diesem Buch wollen wir allen Lesern die Angst nehmen vor dem Ende, ob vermeintlich oder tatsächlich. Anfang und Ende bilden immer einen Kreis und in zwei Momenten des Lebens ist der Mensch immer allein: bei der Geburt und beim Tod.

Wie sorgt man richtig vor? Was hat es mit dem neuen Gesetz der Sterbehilfe auf sich? Und inwieweit hilft Spiritualität, den Übergang in eine andere Daseinsform zu ebnen?

Die Antworten auf die finalen Fragen der Menschheit – insbesondere auf die größte überhaupt: Was ist der Sinn des Lebens? – kommen heute aus der Medizin, der Wissenschaft, dem Rechtsbereich, der Religion, der Kultur und einer aufgeklärten Gesellschaft, die den Tod als Teil des Lebens sieht.

Dieses Buch soll mit falschen Vorstellungen aufräumen und die Furcht vor dem Unbekannten nehmen. Dem Jenseits im Diesseits.

Der Tod gehört genauso zum Leben wie die Geburt. Die Geburt bekommt man bewusst nicht mit, den Tod hingegen sehr wohl. Der Tod kann auf unterschiedliche Weisen kommen. Man kann in Ruhe einschlafen, leicht erkrankt sein oder eine schwere Krebserkrankung haben und unter medikamentöser Behandlung einschlafen. Der Tod ist keine medizinische Diagnose. Der Mensch kann auch im hohen Alter friedlich einschlafen. Der Tod hat so viele Gesichter.

Es sind uns viele Erlebnisse mit Menschen in Erinnerung geblieben, die gestorben sind. Man tut sich unendlich schwer, Abschied zu nehmen. Auch das Alter spielt eine Rolle: Ob es ein Kind ist, das stirbt, oder ein erwachsener älterer Mann oder eine Greisin. Beim Kind bleibt nur eine Leere, Unverständnis über die Tatsache. Wie kann das sein? Wie kann es einen Gott geben, der zulässt, dass ein vierjähriges Mädchen stirbt? Wir werden uns diesen Fragen noch im Laufe des Buches nähern.

ständnis über die Tatsache. Wie kann das sein? Wie kann es einen Gott geben, der zulässt, dass ein vierjähriges Mädchen stirbt? Wir werden uns diesen Fragen noch im Laufe des Buches nähern.

Der Tod gehört zum Leben. Wir müssen über ihn reden, es hat keinen Sinn, ihn zu verleugnen. Wir müssen den Tod wieder ins Leben zurückholen.

Natürlich sind auch wir Mediziner nicht frei von Angst, das möchten wir an dieser Stelle deutlich sagen. Niemand sagt: »Pah, wenn's mich erwischt – was soll's? Gutes Leben gehabt und tschüss.« Der weiße Kittel schützt nicht vor dem Unausweichlichen. Aber wir wollen gemeinsam lernen, damit umzugehen. Natürlich haben wir Angst. Nicht vor dem Sterben, dem Prozess an sich, sondern Angst, weil wir noch viele Dinge erledigen wollen und die Zeit so wichtig, so kurz und kostbar ist.

Als überzeugte Naturwissenschaftler lehnen wir uns aus dem Fenster und wagen Folgendes zu sagen, von dessen Richtigkeit wir überzeugt sind: Der Tod ist die Barriere vom Hier ins Jenseits. Der Tod, unser ständiger Begleiter, trägt keine schwarze Kutte und hält auch keine rostige Sense in der Hand. Der Tod ist der Übertritt vom Jetzt in eine Sphäre, die noch keiner gesehen hat.

Der Tod ist kein Fallbeil, sondern eine Tür.

Die Uhr tickt.

Wir, die Autoren dieses Buches, haben jahrzehntelange berufliche Erfahrung mit sterbenden Menschen. Wir haben keine Erfahrungen, wie sich unser Sterben und unser Tod anfühlen werden, wann und wie uns der Tod ereilen wird. Wir können uns nur mithilfe eines gewissen Maßes an Lebensweisheit und unserem Einfühlungsvermögen eine Vorstellung

Die gestiegene Lebenserwartung und die Leistungen der Medizin beeinflussen unsere Vorstellungen vom Altwerden. Unser eigenes Altwerden wird ziemlich sicher nicht so vor sich gehen, wie wir uns das in jüngeren Jahren vorstellen. Wir haben zwar als Ältere die prinzipielle Chance, uns in das Erleben von jüngeren Menschen einzufühlen – unabhängig davon, ob wir es tun –, aber wir haben kaum die Möglichkeit, uns in Menschen, die älter sind als wir, einzufühlen. Altern gleicht einer Reise ins Ungewisse. Wir wissen weder, ob wir gesund bleiben oder krank werden, wie wir sterben werden, noch wann uns der Tod »am Krawattl packt«. Wir haben keine Kontrolle über unser zukünftiges Leben. Es geht uns nicht anders als der Zwiebelfliege, die sich von Schale zu Schale durchfrisst, bevor sie die nächste Schale erreicht hat, aber nicht weiß, wie sie schmeckt. Zwiebelfliegen, das sind wir.

Erik H. Erikson, ein Pionier der Erforschung der psychosozialen Entwicklung, stellte fest: Ein Kindergartenkind hat nur eine vage Vorstellung davon, was in der Schule vor sich geht, ein liebendes Paar nur wenig Vorstellung davon, wie es ist, ein Kind zu haben und wie sich die Paarbeziehung dadurch verändert, genauso wie ein 50-Jähriger nur eine ungenaue Vorstellung davon hat, wie es einem 85-Jährigen geht, den die Organe zusehends im Stich lassen.

Irgendwie klar. Jede Phase hat ihre Tücken. Blind tappen wir vor Richtung Zukunft.

Den Wunsch, alt zu werden und dabei gesund, aktiv und in gewisser Weise trotzdem jung zu bleiben, hegen viele Menschen. Genährt wird diese Hoffnung durch die kontinuierlich steigende Lebenserwartung der Bevölkerung in den vergangenen Jahrzehnten. Die Zahl der Alten hat sich in Relation zu jener der Jungen deutlich verschoben, manche fürchten sogar einen *aging tsunami.* Die Weltgesundheitsorganisation spricht davon, dass »die Überalterung der Bevölkerung ein menschheitsgeschichtlich beispielloses und umfassendes Phänomen mit vielfältigen Auswirkungen auf das individuelle gesellschaftliche Leben« sei.

Als Mann um die sechzig haben Sie in Österreich heute beispielsweise, statistisch gesehen, eine Lebenserwartung von rund 21 weiteren Jahren, als Frau von rund 25 Jahren. Allerdings: Statistische Durchschnittswerte beziehen sich auf die Gesamtbevölkerung, sie können ein Hinweis für uns sein, treffen aber nur sehr bedingt eine Aussage über unser persönliches Leben. Allzu leicht vergisst man, dass die Lebenserwartung einen Durchschnittswert angibt – die Hälfte der Menschen ist schon vor Erreichen dieses Durchschnittsalters verstorben. Dem Tod ist die Statistik ziemlich gleichgültig. Er verfolgt seine eigene Strategie. Das muss man ihm zugestehen. Der Tod ist ein sturer Hund.

Die gestiegene Lebenserwartung hat vielfältige Folgen mit sich gebracht: Betrachtet man das Altern im Hinblick auf die gesundheitliche Situation, zeigt sich, dass die Bandbreite, wie sich das Alter gestalten kann, sehr groß ist. Sie reicht von palliativ zu versorgenden 50-Jährigen bis zu aktiven und gesunden 60-Jährigen, von multimorbiden 70-Jährigen bis zu geistig und körperlichen aktiven 100-Jährigen. Von Gesunden, die bis ins hohe Alter keinen Arzt oder Therapeuten in Anspruch nehmen müssen, über Patienten, die mit chronischen Erkrankungen gut leben, bis hin zu Menschen, denen eine Akutversorgung das Leben rettet, die aber einer Langzeitpflege oder Palliativversorgung bedürfen.

Aus der Perspektive junger Menschen erscheinen »die Alten« als eine mehr oder weniger homogene Gruppe. Irgendwie alle gleich grau. Dennoch, sie sind es nicht, denn »das Alter« als solches gibt es nicht, weil die individuellen Lebensverläufe nicht linear sind, Brüche aufweisen und verschieden sein können. Sie unterscheiden sich deutlicher voneinander als etwa jene von Kleinkindern.

Dennoch wird das Alter im Alltagsdiskurs gern als Einheit gesehen, obwohl diese Phase durchaus dreißig oder mehr Jahre umfassen kann. Entscheidend sind die Bilder, die wir vom Altern und vom Alter haben. Häufig dominiert ein negatives Bild: »Wenn das Alter einmal da ist, ist es aus!«, wie eine Patientin in einem Arzt-Wartezimmer es so schön erklärt hat. Langsam schließt sich der Vorhang und niemand applaudiert.

Aus der Unvollkommenheit des Kindes entwickelt sich der Mensch weiter und erreicht seinen Entwicklungs- und Leistungshöhepunkt im mittleren Lebensalter, dem mit fortschreitendem Alter unweigerlich ein umfassender Verfall folgt. Diese Feststellung gibt aber nur einen Teil der Wahrheit wieder. Sie beschreibt die physische Entwicklung und blendet andere Entwicklungsbereiche aus.

Hermann Hesse schrieb 1952 *Über das Alter*: »Jeder weiß, dass das Greisenalter Beschwerden bringt und dass an seinem Ende der Tod steht. Man muss seinen Sinnen und Kräften misstrauen lernen. ... Die körperlichen Freuden und Genüsse werden seltener und müssen immer teurer bezahlt werden. Und dann alle die Gebrechen und Krankheiten, das Schwachwerden der Sinne, das Erlahmen der Organe, die Schmerzen zumal in den langen Nächten, das alles ist nicht wegzuleugnen. ... Aber, ärmlich und traurig wäre es, sich einzig diesem Prozess des Verfalls hinzugeben und nicht zu sehen, dass auch das Greisenalter sein Gutes, seine Vorzüge, seine Trostquellen und Freuden hat.«

Danke, Hermann Hesse! Viele möchten älter werden, aber keiner will sterben. Wissenschaftler meinen, man könne ohne Weiteres 120 Jahre alt werden – und dabei fit bleiben, aktiv und produktiv das Leben genießen –, wenn da nicht die dunkle Wolke der Altersdiskriminierung wäre, die den blauen Himmel des glücklichen Alt-Seins verdeckt. Durch verbale Herabwürdigung, Unterlassung von Hilfeleistungen, physische Attacken, Kontaktvermeidung oder unterschiedliche Lebensbedingungen von jungen und alten Menschen zum Nachteil von Letzteren. Aber auch durch Regeln oder Praktiken sowie beim Zugang zu Ressourcen.

Die Diskriminierung der alten Menschen zeigt sich zum Teil offen, zum Teil schleicht sie sich kaum merkbar in unser Leben. Zu den subtilen, unbedachten Diskriminierungen alter Menschen gehören Klagen über die Überalterung unserer Gesellschaft: Wer bestimmt, wie viele alt werden dürfen, wie alt eine Bevölkerung werden darf? Auch im konkreten Alltagsleben begegnen uns jede Menge – oft nicht als solche erkannte – Diskriminierungen, etwa schwer zu öffnende Verpackungen von CD-Hüllen, Bildschirme im öffentlichen Raum, deren Bedienung Vorkenntnisse erfordert, zu klein angeschriebene Preise im Supermarkt, unverständliche und zu klein bedruckte Beipackzettel von Medikamenten, ungünstiges Verhältnis von Stufenhöhe und -tiefe. Wer kennt sich aus mit Streaming oder Downloaden? Was ist Digital Detox? Und was, zum Henker, macht ein Scrum Master?

Warum sind *alte weiße Männer* auf einmal ein Synonym für die Verbohrtheit einer längst vergangenen Zeit? Alte weiße Männer sollen besser schweigen. Sich schämen. Für ihre Hautfarbe und überhaupt. Interessanterweise gibt es das Narrativ der *alten weißen Frau*en nicht; das wäre verletzend.

Subtile Altersdiskriminierung findet sich schon in Sprichwörtern: »Was Hänschen nicht lernt, lernt Hans nimmermehr.« Na, super. Und, so lange ist es noch nicht her, dass Menschen über sechzig als nicht therapierbar gegolten haben. Heute wissen wir, dass Lernen und Wachstum sowohl geistig als auch physisch und psychisch bis ans Lebensende möglich sind, sofern die nötige Begeisterung gegeben ist. Für den österreichisch-amerikanischen Physiker und Philosophen Fritjof Capra ist das Wachstum ein Hauptmerkmal allen Lebens. In einer Abhandlung über die Ökologie schrieb er: »Doch Wachstum in der Natur ist weder linear noch unbegrenzt. Während Teile eines Organismus oder eines Ökosystems wachsen, gehen andere zurück und setzen dabei Komponenten frei, die ihrerseits zu Ressourcen für neues Wachstum werden. Unser gesamtes Leben besteht also aus einem ständigen Werden und Vergehen, wie es vor langer Zeit der griechische Philosoph Heraklit so treffend ausgedrückt hat: »Πάντα χωρεῖ καὶ οὐδὲν μένει *Pánta chorei kaì oudèn ménei* – Alles bewegt sich fort und nichts bleibt.«

Unsere Aufgabe ist es, von quantitativem zu qualitativem, ausgewogenem und vielfältigem Wachstum überzugehen.

Ab wann gehört man zum alten Eisen?

Vielleicht erinnert sich so mancher Leser, schon zum 50. Geburtstag eine Einladung zum Seniorenclub bekommen zu haben. Das ist, als würde man einem Maturanten dritte Zähne schenken. Wer kann darüber glücklich sein, wenn er weiß, was das lateinische Wort *senior* bedeutet? Senior ist der Komparativ zu *senex*, sprich die Steigerungsform von bejahrt, alt, *greis*. Da man den Begriff aber nicht gern mit »Greis« übersetzt, spricht man euphemistisch von »Best-Ager«. Die Werbung sieht alte Menschen nicht so gern, Best-Ager dürfen noch mitspielen. Zumindest Golf. Sie dürfen auf Kreuzfahrtschiffen Canasta oder Bridge spielen. Sie dürfen in Apotheken gehen und Tabletten kaufen, um sich pharmakologisch zu wappnen. Und der Titel Senior wirkt irgendwie weise.

So gesehen klingen Begriffe wie Seniorenkarte, Seniorenhandy, Seniorenheim, Seniorenteller und seniorentauglich gleich ganz anders, denn wer will schon mit einem Greisenhandy telefonierend im Restaurant einen Greisenteller to go bestellen?

Es beginnt mit dem Erhalt des Pensionsbescheids: Die nach fünfzig oder sechzig Jahren Schule, Erwerbsleben und Kindererziehung erworbenen »ruhegenussfähigen Vordienstzeiten« berechtigen uns zum »Ruhegenuss«. Die offizielle Bezeichnung insinuiert, dass ab nun die Zeit der Ruhe und der Genüsse angebrochen ist, um noch möglichst viel aus einem »guten Alter« herauszuholen. Wenn wir dann noch von unseren ehemaligen Arbeitskollegen ein Billett erhalten, auf dem in der Gratulation zum Pensionsantritt die Worte »Ruhestand, Entspannung, Erholung, Freizeit, Freude, Freunde, Garten, Gesundheit, Hobbys, Ruhe, Zeit« aufgedruckt sind, fühlen wir uns bestätigt, dass ab nun für viele das Stillhalten angesagt ist. Der Zusammenhang von Ruhestand und Ruhe in Frieden ergibt sich gleichsam von selbst. Alter als Stillstandsverwaltung. Genieße, aber gib Ruh.

Pax venit. Friede wird kommen. So oder so.

Dabei ist eines viel wichtiger: Wir sollten lernen, dass unser Leben endlich ist, und auch lernen, ein entsprechendes Leben zu führen.

Julia in Shakespeares *Romeo und Julia* hat es angesichts ihrer Gouvernante so formuliert: »Doch Alte tun, als lebten sie nicht mehr, träg, unbehülflich und wie Blei so schwer.«

Oder, wie Schopenhauer in seinen *Parerga und Paralipomena* schreibt: »Die Meisten freilich werden im höheren Alter mehr und mehr zu Automaten: sie denken, sagen und tun immer das Selbe, und kein äußerer Eindruck vermag etwas daran zu ändern, oder etwas Neues aus ihnen hervorzurufen. Zu solchen greisen zu reden, ist wie in den Sand zu schreiben: der Eindruck verlischt fast unmittelbar darauf.«

Kleine Nebenbemerkung: Es ist auffallend, dass zwar neun Prozent der Bevölkerung über 75 Jahre alt sind, sich unter den Bewerbern um ein Mandat im Österreichischen Nationalrat im Jahr 2017 aber keiner aus dieser Altersgruppe findet. 2019 war nicht einmal ein halbes Prozent der Bewerber über 75 Jahre (es waren übrigens dieselben wie schon 2017, sie hatten nur inzwischen die 75er-Grenze überschritten). Keiner von ihnen war auch nur annähernd an aussichtsreicher Stelle gereiht, um gewählt zu werden. Die weisen Alten gibt es zumindest in der Tagespolitik nicht. Was immer die Ursache dafür sein mag – eine Art Autodiskriminierung der Alten, eine Übernahme von negativen Stereotypen durch die wahlwerbenden Parteien oder ist der gängige Politbetrieb schlicht zu weit von den Alten und ihren realen Anliegen entfernt? –, auf jeden Fall ein bemerkenswertes Phänomen.

Bisweilen hat man den Eindruck, dass manchen Menschen der Tod schon auf die Stirn geschrieben steht. Diskriminierender Umgang mit Alten ist für die Betroffenen nicht nur persönlich beleidigend, sondern hat auch massive Auswirkungen auf ihre Gesundheit und wird somit zu einem gesellschaftlichen Problem.

Alte Menschen, die immer wieder mit negativen Vorurteilen konfrontiert werden und diese vielleicht sogar für sich selbst übernommen haben, sprich als ihr eigenes Altersstereotyp verinnerlichen, erleben häufiger chronischen Stress, haben eine verminderte kognitive Leistungsfähigkeit und nehmen eine Verschlechterung ihres körperlichen Zustands wahr. Sie leiden häufiger an chronischen oder kardiovaskulären Erkrankungen, entwickeln psychiatrische Symptome, haben eine ungünstigere Gehirnentwicklung und mehr Biomarker für die Alzheimer-Erkrankung. Die Folgen dieser Diskriminierung verursachen enorm hohe Kosten und das Gesundheitssystem stöhnt heute schon wie ein Neunzigjähriger beim Yoga.

Wissenschaftler haben herausgefunden, dass sogar wir Ärzte uns alten Menschen gegenüber anders verhalten. Untersuchungen belegen, dass Mediziner in Gesprächen mit alten Patienten höflicher, distanzierter, aber auch weniger engagiert und geduldig sind. Ärzte sprechen mit ihnen in einfachen, kurzen Sätzen, mit überdeutlicher Aussprache, oftmals unter Vermeidung von Blickkontakt sowie mit übertriebener Gestik und Mimik. Wie mit einem Kind, mit dem man sich nicht länger auseinandersetzen möchte. Bei psychosozialen Themen gehen sie weniger auf Patienten ein und scheuen sich, Fragen zur privaten Lebenssituation zu stellen. Kurzum, solche Gespräche sind weniger geeignet, eine sinnvolle Behandlungsstrategie zu entwerfen. Dazu passt, dass knapp die Hälfte der älteren Patienten einen »biomedizinischen« Kommunikationsstil bevorzugt, bei dem der Arzt das Gespräch steuert und ausschließlich auf Informationen und medizinische Sachverhalte fokussiert ist. Knapp mehr als die Hälfte der älteren Patienten bevorzugt einen »patientenzentrierten« Gesprächsstil, bei dem detailliert auf Erwartungen, Gefühle und subjektive Krankheitstheorien eingegangen wird. Nennen wir es den Wunsch nach ein bisschen Verständnis.

Marcus Tullius Cicero – Politiker, Philosoph und Schriftsteller im antiken Rom – hat als 62-Jähriger vor mehr als zweitausend Jahren sein Plädoyer *Cato maior de senectute* gegen den diskriminierenden Umgang mit alten Menschen geschrieben. Er setzt sich mit beherzten Argumenten zur Wehr und zeigt durch seinen Protagonisten Cato den Älteren, dass dem Alter eigenständige und keiner anderen Generation zuzurechnende Aufgaben zukommen. Cato widerlegt vier bedeutsame Vorurteile gegenüber alten Menschen, die von den beiden jungen Heißspornen Scipio und Laelius vorgebracht werden.

Cato maior betrat das Podium und wartete, bevor er die Stimme erhob.

Beklagenswert erscheine das Alter, weil es den Menschen von der Ausübung von Tätigkeiten abhalte, ihn zur Untätigkeit zwinge. Es wäre so, als ob man dem Steuermann, der ruhig auf dem Hinterdeck sitzt, vorwerfe, untätig zu sein gegenüber jenen, die auf die Masten klettern, um die Segel zu reffen. Das Alter hindere nicht am Aktivsein. Große Dinge vollbringe man nicht durch körperliche Kraft, sondern durch Planung und Entscheidung, Fähigkeiten, die im Alter noch zunehmen. So stehen dem Alter eine große Zahl von politischen, häuslichen, künstlerischen, erzieherischen und philosophischen Wirkungsmöglichkeiten zu.

Dem Argument der im Alter schwindenden Körperkräfte entgegnet Cato, dass man die körperlichen Kräfte gebrauchen solle, solange sie da sind; wenn sie aber nicht mehr da sind, dann möge man sie nicht vermissen. Man solle gesundheitliche Rücksichten nehmen, sich maßvollen Übungen unterziehen und nur so viel essen und trinken, wie man damit seine

Kräfte stärke und nicht belaste. Man solle seinen Geist, seinen Verstand üben, denn im Alter kommt den geistigen gegenüber den körperlichen Kräften eine steigende Bedeutung zu.

Im Alter – so lautet das dritte Argument – komme es zum Verlust der Freuden der Lust und des Genusses. Wenngleich im Alter kein besonderes Verlangen nach sexueller Lust und kulinarischen Genüssen besteht, so werden die Freuden des Geistes wichtiger, wobei man täglich etwas Neues lernen und sich des Ansehens früherer Leistungen erfreuen könne. »Die Frucht des Alters ist der Schatz der Erinnerung an das früher erworbene Gute.«

Das Alter werde durch den nahen Tod belastet, lautet das vierte Argument. Nun, der Tod kann Menschen in jedem Alter treffen, für Ältere im Gegensatz zu Jüngeren ist er ein in absehbarer Zeit erwartbares natürliches Ende. Vorteilhaft sei es aber, wenn ein Leben dann ende, wenn man noch bei Verstand sei und seine Sinne beisammenhabe. So gleiche das Alter dem letzten Akt eines Theaterstücks, denn die Natur habe uns mit unserem Körper eine Unterkunft zum vorübergehenden Verweilen und nicht zum dauerhaften Wohnen gegeben. Ein Tod, dem Unsterblichkeit folgt, sei nicht zu betrauern.

Nach diesen Worten trat Cato ab von der Bühne und Applaus brandete auf.

Der Seemann

Magenkrebs, unheilbar. Der Mann ist 62 und lebt in einem Hospiz in Wien. Früher, in einem anderen Leben, hat er im Verteidigungsministerium gearbeitet. Und dann kam die Diagnose, traf ihn wie ein Hammerschlag. Die unsäglichen Schmerzen im Bauch, die Operation, der Blick des Arztes, der das ganze Ausmaß an Hoffnungslosigkeit signalisierte. Der Strohhalm der Hoffnung war geknickt, an seine Stelle trat die Ausweglosigkeit. Das nahende Ende, nüchtern diagnostiziert und vom Labor zugestellt. Der Tod im Kleid mehrerer Ziffern, Tumormarker.

»Es hat Zeit gebraucht, um das zu verarbeiten. Aber ich habe mich schon als junger Mensch mit dem Tod beschäftigt. Und dann war klar: Ah, jetzt ist es so weit, demnächst findet also statt, was jeden Menschen trifft. Es weiß keiner, wann, wodurch oder wie er stirbt. Das war auch ein gewisser Trost. Man kann sich nicht aussuchen, was kommt. Es hat keinen Sinn, Widerstand zu leisten.« Es geschieht, weil es so ist. Nicht umkehrbar. Absolut.

Der Mann sitzt in seinem Zimmer und hört das Ticken des Sekundenzeigers. Der Tod ist spürbar, immer da wie ein Schatten, ein Bruder der Endzeit. Der Mann beschäftigt sich mit ihm, während er Beethoven oder Jazz hört, er liest Hermann Hesse. *Narziß und Goldmund.* Lesen hilft, Dinge zu verstehen. An den Abenden, wenn Ruhe im Hospiz einkehrt, kommen die Gedanken. Wie verkraftet man sein Schicksal?

»Die Perspektive ist, von Tag zu Tag noch so viel wie möglich aufzunehmen, zu lernen«, sagt er. » Ich versuche, meinen Tag soweit es geht aktiv zu gestalten. Ich gehe diesen Weg weiter, solange es mir gegeben ist.«

Sterben ist wie eine Reise auf dem Wasser. »Wir sind wie Seeleute, die verlernt haben, wie man zur See fährt. Der Tod ist ein Wieder-weg-Fahren auf das Meer hinaus. Wir wissen nicht, wie es funktioniert. Wir verdrängen es, aber in Wirklichkeit wissen wir, dass wir sterben, dass wir weggehen, aber vorher noch den Prozess des Loslassens erlernen müssen.«

Das ganze Leben steuere auf den Tod zu. Der Seemann lenke den Kahn in den Sturm. So sei es bestimmt. Es habe keinen Sinn, zu jammern. »Ich meine, unsere Aufgabe besteht darin, dass wir im Laufe unseres Lebens immer mehr zu uns selbst finden und immer mehr zu einem Menschen im humanistischen Sinne werden, der möglichst nach allgemeinen ethischen Prinzipien lebt und handelt.«

Die Botschaft ist klar. »Lebe den Tag, lass dich auf den Ist-Zustand ein, schau, dass du den Tag positiv und gut für dich und deine Mitmenschen gestaltest. Das ist das Um und Auf.«

Mit seiner Frau habe er viel gesprochen. Anfangs hätte sie viel geweint, dann verstanden, als er ihr erklärte: »Ich glaube, dass der Tod nichts Schreckliches ist. Ich denke mir, auch wenn ich nichts erwarte, dass der Tod in ein neues Leben führt, dass die menschliche Seele nicht stirbt.«

Der Mann ist dankbar für sein Leben, für jede Entscheidung, die er getroffen hat. Heute weiß er, dass das Dasein nicht eigenbestimmt ist. »Darauf verlasse ich mich: Ich werde geführt, und so werde ich auch in den Tod geführt. Ich habe keine Angst.«

Bald sei es so weit. Der Abschied schon beschlossene Sache, die Umarmungen gemacht. Mozart spielt im Hintergrund. Der Mann lächelt. Es ist gut, alles ist gut.

Welches Ende wünscht sich der Mensch? Unter welchen Umständen soll man reanimiert werden? Ein wissenschaftlicher Artikel im *New England Journal of Medicine* beschäftigte sich schon 1994 mit dieser Frage. Dreihundert ältere Patienten waren interviewt worden, ob sie im Fall eines Herzstillstands wiederbelebt werden wollten. Vier von zehn sagten Ja. Danach wurden die Probanden aufgeklärt, wie ihr Leben nach der Wiederbelebung statistisch gesehen aussehen würde: voraussichtlich schwere Behinderung, Beeinträchtigung der motorischen Fähigkeiten, Schäden im Gehirn. Danach wünschten nur mehr zwei von zehn eine Reanimation. Und bei einer angenommenen weiteren Lebenserwartung von weniger als einem Jahr sprachen sich 95 Prozent aller Befragten dagegen aus, wiederbelebt zu werden.

In *Gespräche mit Goethe in den letzten Jahren seines Lebens*, Band 3, sagte der Weltpoet am 15. Februar 1830: »Der Tod ist doch etwas so Seltsames, dass man ihn, unerachtet aller Erfahrung, bei einem uns teurem Gegenstande nicht für möglich hält und er immer als etwas Unglaubliches und Unerwartetes eintritt. Er ist gewissermaßen eine Unmöglichkeit, die plötzlich zur Wirklichkeit wird. Und dieser Übergang aus einer uns bekannten Existenz in eine andere, von der wir auch gar nichts wissen, ist etwas so Gewaltsames, dass es für die Zurückgebliebenen nicht ohne tiefste Erschütterung abgeht.«

Der Tod als Theorie

Im 1.000-seitigen *Lehrbuch der Entwicklungspsychologie* – jener Teildisziplin der Psychologie, die sich mit den Veränderungen im Laufe des Lebens befasst – ist dem Begriff Sterben nur ein kurzer Satz gewidmet: Was wäre, wenn das Sterben nicht ausgegrenzt und nicht »als möglichst zu vermeidendes Übel«, sondern als »selbstverständlicher Bestandteil gesellschaftlichen Lebens« erkannt würde? Dem Tod ist gar nur ein Satzteil gewidmet, nämlich dass er tendenziell als »nicht kontrollierbares Verlustereignis« anzusehen sei. Ja eh.

Heute zeichnet sich ein neuer Trend ab, wenn es um die letzte Phase des Lebens geht. Das zeigt sich in der Literatur oder in einfühlsamen Filmen über alte Menschen. Neue wissenschaftliche Studien des Alterns betonen nicht mehr vorrangig die physischen und anderen Verluste, die das Altwerden mit sich bringt, sondern rücken die positiven Aspekte des Alterns in den Vordergrund, die Möglichkeit des lebendigen Wachstums, das enorme Potenzial im Alter. Alte Menschen können sehr wohl noch Zukunftsideen haben, den Wunsch nach Selbstbestimmung und den Hang zu eigenständigen Schöpfungen.

Im sogenannten *Dritten Alter* bestehen viele Möglichkeitsräume, im *Vierten Alter* kommt es zu Einschränkungen durch Funktionsverluste oder schwere Erkrankungen, die viele gut handhaben können und somit erfolgreich altern. Im *Fünften Alter* bestimmt der näher rückende Tod die Entwicklung, die geistigen Leistungen und das emotionale Wohlbefinden.

Dem subjektiven Erleben kommt entscheidende Bedeutung zu. Nicht die Veränderungen an sich sind es, sondern ihre Interpretation bestimmt, ob wir uns erfolgreich, zufrieden, ja, glücklich fühlen oder ob wir uns der Verzweiflung, depressiver Verstimmung hingeben.

Der Kopf entscheidet, nicht die porösen Knochen.

Wenn wir das Alter schon nicht besiegen können, sollten wir uns wenigstens mit ihm anfreunden. Angst ist der schlechteste Begleiter, den man sich am Lebensabend aussuchen kann.

Angst ist die Ratte, die nachts an der Seele nagt.

Die Angst kriecht.

Wer sein Altern positiv sehen kann, hat eine deutlich höhere Lebenserwartung als jene, die sich vor dem Endspurt schrecken. Wer sich jünger fühlt, als es seinem Alter entspricht, erlebt höheres Wohlbefinden, bessere Gesundheit und weist auch gesündere Gehirnstrukturen auf. Das empfundene Alter liegt im Durchschnitt zumindest um fünfzehn Jahre, bei sehr alten Menschen oft gar um dreißig Jahre niedriger als das tatsächliche. Männer wünschen sich lange Zeit, Anfang fünfzig zu sein, Frauen sind da etwas realistischer und wünschen sich durchschnittlich Anfang sechzig zu sein.

Das heißt, alles wäre wunderbar, wenn nicht doch irgendwann die Ratte aus ihrem Loch gekrochen kommt.

Der amerikanische Chirurg Atul Gawande machte sich viele Gedanken über den Umgang mit dem Tod. Auch die beste Medizin, die herausragendsten Leistungen der Ärzte können den Tod nicht in die Knie zwingen.

»Der Irrtum betrifft unsere Aufgabe in der Medizin. Wir glauben, es sei unsere Aufgabe für Gesundheit und Überleben zu sorgen. Allerdings ist die Aufgabe größer. Wir sollen für Wohlbefinden sorgen. Und beim Wohlbefinden geht es um die Gründe, warum jemand am Leben sein will. Diese Gründe fallen nicht erst am Lebensende ins Gewicht«, sondern sind es während des ganzen Lebenslaufs. »Immer wenn Körper und Geist aufhören, wie gewohnt zu funktionieren, stellen sich die wesentlichen Fragen: Wie versteht man seine Situation und ihre möglichen Folgen? Wovor hat man Angst und was erhofft man sich? Was ist man bereit zu opfern und was nicht? Was tut man, damit es so weitergeht, wie es den eigenen Absichten am ehesten entspricht? (Gawande, 2015, Sterblich sein, S. Fischer, S. 315)

Das Bewusstsein unseres sicheren Todes kann eine aufregende oder aufputschende Wirkung haben.

Zwei einander ergänzende Theorien geben einen Hinweis, welche Möglichkeiten es gibt, mit der Angst vor dem Sterben umzugehen. Einerseits die eher defensiv basierte »Terror Management Theory« (von Greenberg, Solomon und Pyszczynski, 1992), andererseits die eher offensive, sinnbasierte »Meaning Management Theory« (von Tomer, Eliason und Wong, 2008).

Die Terror Management Theory wurde von experimentellen Sozialpsychologen entwickelt und durch viele Studien belegt.

Sie besagt: Sobald sich der Mensch einer Bedrohung, etwa der Unausweichlichkeit seines Todes, bewusst wird, ruft das in ihm eine lähmende Angst, eben Terror, hervor. Jeder Mensch versucht dann, Mittel und Wege zu finden, um diesen Umstand mit symbolischen Mitteln, eben Terror-Management, abzuwehren. Als Abwehrmechanismen oder Angstpuffer dienen das eigene Weltbild, ein Glaubenssystem, mit dessen Hilfe die Welt als geordnet, sinnvoll und beständig erscheint, ein Schema, das ein Gefühl von Sicherheit gibt (dazu gehören Religionen und Weltanschauungen). Angesichts der Endlichkeit neigen Menschen dazu, die Werte der Gruppe, der man angehört, stärker zu betonen und zugleich die Werte anderer abzulehnen oder gar zu unterdrücken. Das reicht von Terroranschlägen bis zu religiös motivierten Kriegen. Dieses Terror-Management zur Verteidigung des Selbstbilds bewirkt neben der Abwehr des Fremden auch die Stärkung des Selbstwerts. In der Not fährt der Mensch die Krallen aus und fühlt sich besser.

Die Terror Management Theory ist der bekannteste Zugang zu der Frage, wie wir uns mit der Angst vor dem Tod auseinandersetzen. Sie geht davon aus, dass Menschen eine Tendenz zur Selbsterhaltung haben, die dazu führt, unser kulturelles Umfeld, unser Wertesystem und unseren Selbstwert zu aktivieren. Dazu kommt ein entscheidendes Verhalten. Das Bewusstwerden der Sterblichkeit regt den Wunsch an, ein sinnvolles und erfülltes Leben geführt zu haben. Die größte Angst ist nicht die vor dem Tod, sondern jene an der Schwelle zum Tod. Zu erkennen, dass wir nicht wirklich gelebt und unser wertvolles, einziges Leben vertan haben.

Bronnie Ware, eine australische Palliativpflegerin, berichtet, dass Menschen am Ende ihres Lebens bereuen, nicht den Mut gehabt haben, ihr eigenes Leben zu leben, zu viel gearbeitet zu haben, nicht den Mut gehabt zu haben, ihre Gefühle auszudrücken, den Kontakt zu ihren Freunden abgebrochen zu haben und es sich nicht erlaubt zu haben, glücklicher zu sein. Am Ende keimt der Zweifel auf. Hätte ich es nicht anders machen sollen, besser machen können?

Die zweite Theorie zum Lebensende heißt Meaning Management Theory und ist ein wenig kompliziert. Sie zeigt ein psychologisches Modell, das genau jene Mechanismen definiert, die es den Menschen erlauben, den Tod zu akzeptieren, indem sie Sinn in ihr Leben einfließen lassen. Menschen sind nie frei von Todesangst und die Beziehung zwischen dieser Angst und der Akzeptanz der Endlichkeit ist vielschichtig. Das heißt: Wir sind aufgerufen, uns gegen die schreckliche Angst vor dem Sterben und dem Tod zu schützen – das bedeutet Umgang mit der Todesangst –, und wir wollen ein gutes, sinnvolles Leben führen. Der Soziologe Paul Wong definiert drei Typen.

Der Neutrale: Er akzeptiert, dass der Tod das unausweichliche Ende darstellt.

Der Zugängliche: Er glaubt an ein Leben nach dem Tod.

Der Verweigerer: Er erachtet das Leben als sinnlos und sieht im Tod die bessere Alternative.

Die Meaning Management Theory beruht auf fünf Grundannahmen:

Menschen sind zugleich psychosoziale und spirituelle Wesen. Diese holistische Sicht beruht auf der Überzeugung, dass wir keine vollständigen Wesen wären, würden wir diese Aspekte nicht miteinbeziehen. Die spirituellen Bedürfnisse, Wert- und Glaubensvorstellungen dienen als Schutz vor Todesangst und erleichtern die Akzeptanz, dass es irgendwann zu Ende ist, zumindest auf dieser Welt.

Menschen sind sinnsuchende und sinnstiftende Lebewesen.

Sie sind permanent dabei, Bedeutung zu konstruieren, um dem Leben Sinn zu geben. Sinnstiftung bietet Schutz vor Lebens- und Todesangst und trägt zur Heilung sowie zum Wohlbefinden bei. Wellness fürs Hirn.

Meaning Management bedeutet, unser Leben sinnvoll zu leben, alle Gefühle, Wünsche, Hoffnungen, Wahrnehmungen, Gedanken zuzulassen, unserer inneren Stimme zu folgen. Es geht darum, Glück, Erfüllung und Gelassenheit inmitten von

Rückschlägen, Leiden und Tod zu erfahren. Diese Entwicklung innerer Stärke wird angesichts zunehmender Unsicherheit, Mehrdeutigkeiten, raschem sozialen Wandel, in dem sich Wertvorstellungen, Rituale und Traditionen auflösen, immer wichtiger. Meaning Management aktiviert die Fähigkeiten zu Bewusstheit, Reflexion, Imagination, Symbolisierung, Selbsttranszendenz, Kreativität oder zum Geschichten-Erzählen und ignoriert dabei nicht die äußeren Bedingungen. Wenn Menschen darauf fokussiert sind, wer sie sind, was sie wirklich wollen in ihrem Leben, können sie ihr Handeln besser auf ihre Lebensziele hin ausrichten.

Wir brauchen Abwehrmechanismen, um uns gegen Angst, Unsicherheit und Bedrohungen zu schützen, ebenso benötigen wir authentische, kreative Antworten, um unsere Träume und was uns das Leben zu bieten hat, zu verwirklichen.

Echtheit.

Um authentisch zu leben, müssen wir begreifen, was wir zu vermeiden versuchen – Tod, Unsicherheit, Angst. Wir müssen das Ungewisse, das Unsichere, die Bedrohungen erfühlen und erfahren, um hier zu sein. Wir müssen den Tod in die Arme schließen, um sinnvoll zu leben.

Im Sinn der Meaning Management Theory sollen wir die Angst vor dem Tod nicht überbetonen, seine Existenz aber auch nicht leugnen. Leben und Tod sind die beiden Seiten einer Münze, die sich immer dreht. Positiv orientierte Menschen können sich der Krise stellen und Gelegenheiten für persönliches Wachstum schaffen. Der beste Weg, um sich vor Todesangst zu schützen, ist es, seinen Fokus auf ein sinnvolles und lebendiges Leben zu legen.

Der brasilianische Poet Mário Raúl de Morais Andrade hat vor hundert Jahren in einem kleinen Haus in São Paulo ein Gedicht geschrieben. Es heißt: *Meine Seele hat es eilig.*

»Ich habe meine Jahre gezählt und festgestellt, dass ich weniger Zeit habe, zu leben, als ich bisher gelebt habe.

Ich fühle mich wie dieses Kind, das eine Schachtel Bonbons gewonnen hat: Die ersten isst es mit Vergnügen, aber als es merkt, dass nur noch wenige übrig sind, beginnt es sie wirklich zu genießen.

Ich habe keine Zeit für endlose Konferenzen, bei denen die Statuten, Regeln, Verfahren und internen Vorschriften besprochen werden, in dem Wissen, dass nichts erreicht wird.

Ich habe keine Zeit mehr, absurde Menschen zu ertragen, die ungeachtet ihres Alters nicht gewachsen sind.

Ich habe keine Zeit mehr, mit Mittelmäßigkeit zu kämpfen.

Ich will nicht in Besprechungen sein, in denen aufgeblasene Egos aufmarschieren.

Ich vertrage keine Manipulierer und Opportunisten.

Mich stören die Neider, die versuchen, Fähigere in Verruf zu bringen, um sich ihrer Positionen, Talente und Erfolge zu bemächtigen.

Meine Zeit ist zu kurz, um Überschriften zu diskutieren. Ich will das Wesentliche, denn meine Seele ist in Eile. Ohne viele Süßigkeiten in der Packung.

Ich möchte mit Menschen leben, die sehr menschlich sind. Menschen, die über ihre Fehler lachen können, die sich nichts auf ihre Erfolge einbilden. Die sich nicht vorzeitig berufen fühlen und die nicht vor ihrer Verantwortung fliehen. Die die menschliche Würde verteidigen und die nur an der Seite der Wahrheit und Rechtschaffenheit gehen möchten.

Es ist das, was das Leben lebenswert macht. Ich möchte mich mit Menschen umgeben, die es verstehen, die Herzen anderer zu berühren. Menschen, die durch die harten Schläge des Lebens lernten, durch sanfte Berührungen der Seele zu wachsen.

Ja, ich habe es eilig, ich habe es eilig, mit der Intensität zu leben, die nur die Reife geben kann. Ich versuche, keine der Süßigkeiten, die mir noch bleiben, zu verschwenden.

Ich bin mir sicher, dass sie köstlicher sein werden als die, die ich bereits gegessen habe.

Mein Ziel ist es, das Ende zufrieden zu erreichen, in Frieden mit mir, meinen Lieben und meinem Gewissen.

Wir haben zwei Leben und das zweite beginnt, wenn du erkennst, dass du nur eins hast.«

Ein Hoch auf die Palliativversorgung

Da liegt er also, der fahle Herr, auf seinem Krankenbett in der Palliativstation und sinniert über das Leben. Er spricht in ein Diktiergerät und seine Stimme ist rau.

»Na ja, liebe Leute, ich heiße Anton. Sie dürfen ruhig Toni zu mir sagen. Das ist der letzte Teil meiner Geschichte. Ansonsten müsste ich, da ich inzwischen 56 Jahre alt geworden bin, drei oder vier Bücher schreiben. Weil ich nicht unbedingt der perfekte Schreiber bin, fange ich beim Schluss an.« Er räuspert sich kurz. »Es ist ein kalter Tag, Ende Jänner. Ich schaue aus dem Fenster eines Wiener Krankenhauses, Wolken, Nebel, Häuserdächer. Ich warte darauf, dass mich der Krankenwagen abholt und mich in meine geliebte Heimat Kärnten bringt. Nunmehr bin ich das letzte Mal hier in Wien, die haben alles getan. Ich hoffe trotzdem, dass es diesmal vielleicht genützt hat. Meiner Meinung nach – und zwischenzeitlich auch nach Meinung mehrerer Ärzte – wurde von Anfang an einiges falsch gemacht, ansonsten wäre es nicht so ausgeartet.

Die Schwestern und Pfleger kommen mich schnell waschen, anziehen und meine Sachen packen – los geht's. Raus aus Wien. Ach, bin ich froh, dass einer der Sanis Raucher ist, da gibt's eine Pause. Es ist kalt an der Tankstelle samt Raststätte, deshalb, aber auch weil ich bettlägerig bin, gibt's nur Kaffee im Pappbecher und eine schnelle Zigarette. Weiter geht's, die Fahrt rumpelt ständig. Ich habe Schmerzen und die Pritsche, auf der ich liege, ist steinhart und viel zu schmal, aber egal – ich lebe!

Als wir über den Packsattel fahren und ich meine geliebten Berge wieder sehe, macht mein Herz einen Hüpfer. Ich bin bald zu Hause. Im Klinikum warten sie schon auf mich. Natürlich hat es länger gedauert, Staus, Pausen, die Fahrt aus Wien raus.

Da ich auch dort schon öfter war, kennen sie mich alle, bis hin zu den Reinigungsdamen. Jetzt geht es wieder von vorne los, Tausende Fragen, Untersuchungen und was so alles dazugehört. Egal – ich fühle mich seit Monaten das erste Mal wieder glücklich – wenn nur die Schmerzen nicht wären. Aber ich bin in Kärnten. Daheim.

Nach ein paar Tagen mit Untersuchungen und allem Drum und Dran kommt das Team vereint an mein Bett und erzählt mir, dass die nächste Station die Palliativstation ist. Für mich der größte Schock seit zwei Jahren. Der erste Schock war die Diagnose Krebs und jetzt Palliativ. Für mich heißt Palliativ sterben. Tränen, Angst, Selbstmordgedanken – alles kommt gemeinsam auf mich zu.

Nach zwei Tagen im Schock lerne ich zuerst die Stationsschwester kennen. Sie ist total nett und sehr einfühlsam. Wenn dort alle so nett sind, denke ich, fällt mir die Umsiedlung etwas leichter.

So, hier angekommen, begrüßen mich die Leute der Reihe nach. Und was soll ich sagen – sie sind alle total nett. Mein Krebs wächst weiter. Sie versuchen es nochmals mit einer Chemotherapie, drei Zyklen Angst und dieses Brechen, na ja. Chemo vorbei, mit den üblichen Nebenwirkungen. Haarausfall hatte ich keinen, Gott sei Dank. Apropos Gott, nun bin ich so weit, dass ich nicht mehr an Gott glaube. Diese Chemo hat null gebracht, alles was war, wuchs weiter und ein bisschen mehr dazu.

Dieser Teufel frisst sich durch meinen Körper wie ein Bandwurm. Ich weiß jetzt, dass es für mich keine Rettung mehr gibt, außer es geschieht ein Wunder. Aber da es keinen Gott gibt, geschehen auch keine Wunder.

Nunmehr warte ich aufs Sterben. Hier auf der Palliativstation machen sie es mir sehr schön. Es sind alle so einfühlsam und lesen dir jeden Wunsch von den Augen ab. Ich könnte mir keinen besseren Ort vorstellen, als hier zu sterben. Da ja niemand weiß, wie lange es noch geht, habe ich nur noch einen einzigen Wunsch: Bitte lasst mich auf der Palliativ, bis ich meine Augen zumache. Bitte, denn hier werde ich so behandelt und umsorgt, wie ich es mir wünsche. Hier möchte ich sterben. Die beste Station, und ich habe schon viele gesehen.«

Tonis letzte Gedanken sprach er ebenfalls ins Diktiergerät. Leise, mit Pausen.

»Ich warte aufs Sterben. Hoffnung gibt es keine. Zum Glück gibt es Fernsehen und Handy, sonst würde ich verrückt werden. Man liegt und strengt sein Hirn nochmals richtig an. Na ja, anstrengen ist vielleicht ein bisschen übertrieben. Die Gedanken schweifen immer ab, was kommt danach? Gibt es überhaupt ein Danach? Gibt es Himmel und Hölle? Das sind alles so Fragen, die dir durch den Kopf gehen. Also wenn es das wirklich alles gibt, glaube ich, dass ich sicherlich in die Hölle komme. Wenn man den Geschichten glauben möchte, habe ich bestimmt viel zu viele Sünden begangen. Aber in der Hölle ist es wärmer und ich liebe die Wärme. Vielleicht ist es ganz witzig mit den kleinen Teufelchen. Hingegen im Himmel, die Engel, die kommen hier runter auf die Erde, können nachschauen, ob es allen gut geht. Ich würde gern so eine Mittelfigur sein. Oder das Fegefeuer, was auch immer das sein mag. Was die wohl machen, den ganzen Tag lang? Gibt es dort Bestandteile von uns? Keiner weiß es, aber es wäre interessant zu wissen. Ja, solche Gedanken gehen dir durch den Kopf, ist oft recht witzig.

Oder im Himmel, da trifft man doch den lieben Gott? Den Petrus, den Erzengel Gabriel und alle anderen, immer vorausgesetzt, dass es die auch alle gibt. Am liebsten wäre es mir natürlich, ich würde meinen Papa treffen und meine anderen Verwandten, die schon gestorben sind, wo immer sie auch sein mögen. Was machen die Teufelchen den ganzen Tag? Von denen hört man gar nichts.

Auf alle Fälle möchte ich weiterexistieren, deshalb möchte ich auch verbrannt werden. Denn ich glaube, dann verfliegen die Ascheflocken und kommen dorthin, wo sie hingehören. Beim Begraben hätte ich Angst, dass mich die Würmer auffressen, was sie auch sicher tun würden. So, jetzt hatten wir Himmel und Hölle. Aber es gibt ja noch andere Religionen, die mit dem Sterben irgendwie anders umgehen. Moslems, Inder, Buddhisten, Indianer und Juden – es gibt ja noch Hunderte andere. Die Moslems glauben ebenfalls an ein Weiterleben nach dem Tod, die Seele lebt weiter. Dann die Hindus, die glauben, dass die Seele weiterwandert, in einen neuen Körper oder in eine Pflanze, was auch immer. Auch Buddhisten glauben, dass der Geist des Toten in einen anderen Körper flutscht und dieser dann weiterlebt. Juden leben in ihren Nachkommen weiter, glaube ich, auch ganz toll. Dann sind da noch die Indianer. Ein Volk, das mich schon immer fasziniert hat. Aber wie bei so vielen Dingen in meinem Leben hat auch diese Faszination nachgelassen. Trotzdem, diese Naturvölker finde ich spannend. Sie verbrennen ihre Toten und glauben an ein Danach. Genau kenne ich mich nicht aus, aber so alle möglichen Dinge zischen dir da durch den Schädel. Am liebsten würde ich als Hund bei meiner Mutter wieder auf die Welt kommen, da ginge es mir gut. Nein, Spaß beiseite. Eigentlich ist es mir egal, nur kein Kleinvieh oder Floh, da werde ich bald wieder erschlagen.

Manchmal träume ich ganz blöde Sachen vom Himmel und von der Hölle. Also nehme ich an, die beiden streiten sich, wer mich nehmen muss. Falls ich wieder als Mensch auf die Welt komme, würde ich wahrscheinlich einiges anders machen. Oder auch nicht, wer weiß das denn so genau?

Also, mein Fazit ist: Alle glauben an ein Leben nach dem Tod. Beim besten Willen kann ich es mir nicht vorstellen, dass es einfach vorbei sein soll. Ich fühle mich auf alle Fälle sehr gut aufgehoben hier auf der Palliativstation, um meine letzten Stunden zu erleben. Alle sind lieb, versuchen dir die Zeit, die dir noch bleibt, so angenehm wie möglich zu gestalten. Hoffentlich erlebe ich das nächste Jahr nicht mehr, das würde mir genügen. Ein Gedanke kommt mir auch immer wieder in den Kopf – warum glauben alle an ein Leben nach dem Tod? Ich denke, die Menschheit hat Angst vor der Ungewissheit.

Ach, die Griechen gibt es ja auch noch, mit den verschiedenen Göttern, das würde mir auch gefallen. Eine Wiedergeburt als griechischer Gott oder Göttin. Im Himmel sind alle geschlechtslos, also ist es egal. Es sind wahnsinnig viele Gedanken, die man sich macht, aber man landet immer beim selben Ergebnis – die letzten Tage oder Wochen schmerzfrei sein und ruhig einschlafen zu können. Ich habe mich damit abgefunden und bin bereit zu sterben und hoffentlich werde ich wiedergeboren als nettes, braves, liebes Wesen, was auch immer.«

An einem Dienstagnachmittag schloss Toni seine Augen.

Weil Toni von der griechischen Mythologie gesprochen hat: Der Fluss Styx stellt die Grenze zwischen der Welt der Lebenden und dem Totenreich Hades dar. Er umfließt den Hades neun Mal. Die Seelen der Toten werden von Charon, dem Fährmann, über den Fluss geschifft. Damit sie den Fährmann bezahlen konnten, wurde den Toten eine Münze, der Obolus, unter die Zunge gelegt. Verstorbene, denen diese Münze nicht mitgegeben wurde, mussten hundert Jahre am Ufer des Flusses verbringen, bis sie hinüber durften. Kerberos, der dreiköpfige, schlangenhaarige Höllenhund, bewacht den Eingang zum Hades und sorgt dafür, dass kein Lebender die Unterwelt betritt und kein Toter sie verlässt. Zerberus sagen wir heute. Nach ursprünglicher griechischer Auffassung war der Hades allen Sterblichen gleichermaßen bestimmt: hochrangig oder gering, gut oder schlecht. Sie lebten dort nicht weiter, sondern existierten nur als scheue Schatten. Thanatos ist der Gott des sanften Todes, häufig abgebildet mit seinem Bruder Hypnos, dem Gott des Schlafes. Seine Schwester heißt Ker und ist die Göttin des gewaltsamen Todes. Thanatos hat ein eisernes Herz und einen ehernen, erbarmungslosen Sinn. Einen einmal gepackten Menschen gibt er niemals wieder frei und selbst den unsterblichen Göttern ist er feind. Nur einem einzigen Menschen gelang es, Thanatos zu überlisten. Es war Sisyphos, König von Korinth. Die Strafe dafür war furchtbar: Ewig muss er in der Unterwelt einen schweren Stein einen Berg hinaufwälzen, der kurz vor dem Gipfel immer wieder hinunterrollt. Immerwährend. Bei Homer hat er noch keine bestimmte Gestalt, später erscheint er mit schwarzen Flügeln und einem finsteren Blick, der den Sterbenden mit einem Opfermesser eine Locke abschneidet.

Toni hatte keine Schmerzen und war mit sich im Reinen.

Er ging zufrieden.

Die Aufgabe der Palliativversorgung ist es, die Lebensqualität von Patienten mit lebensbedrohlichen oder unheilbaren Krankheiten zu verbessern. Wichtige Prinzipien sind das umfassende Verständnis von körperlichen Symptomen und psychosozialen wie spirituellen Aspekten; dazu gehört die Mitbetreuung der Angehörigen. Der Respekt vor den Wünschen und Bedürfnissen der Patientinnen und Patienten steht im Vordergrund.

Wir wollen jetzt der Frage nachgehen, wo Menschen in Österreich sterben wollen und wo sie tatsächlich sterben. Dann geben wir einen Einblick in die Sterbewelt und beziehen uns dabei auf unsere langjährigen Erfahrungen als Ärzte auf der Palliativstation am Klinikum Klagenfurt in Österreich. Statistisch gesehen klaffen Wunsch und Wirklichkeit, was den Sterbeort betrifft, weit auseinander. Das wollen wir aufzeigen und mit unseren Erfahrungen rund um die Bedürfnisse und Möglichkeiten von Patienten kritisch diskutieren.

Wir haben dazu eine repräsentative Untersuchung unter älteren Menschen in Kärnten durchgeführt. Befragt wurden 507 Personen im Alter von 65 bis 97 Jahren aus allen Bezirken des Landes hinsichtlich Sozialstruktur und Versorgungssituation. Es ging um die Erwartungshaltung im Hinblick auf ein menschenwürdiges Sterben und den Umgang mit dem Tod im Allgemeinen. Interessant dabei war: Angst vor dem Tod oder dem Sterben hatten 10 Prozent der männlichen und 18 Prozent der weiblichen Bevölkerung. Allerdings wollten nur 32 Prozent der Befragten mit jemandem über Tod und Sterben sprechen, 68 Prozent lehnten das ab. Tod und Sterben sind für die Mehrheit der Befragten also noch immer Tabuthemen. 96 Prozent der Befragten wünschten sich, keine Schmerzen zu haben. 85 Prozent hofften auf ein Sterben im Kreis von Menschen, die sie kennen. 95 Prozent wünschten sich ein Ende zu Hause.

Tatsächlich sterben die meisten Menschen aber im Krankenhaus. In Wien sind das sechs von zehn. Bei Tumorpatienten sogar 76 Prozent. Nimmt man die Pflegeheime dazu, stirbt überhaupt nur einer von zehn Menschen daheim. Um den Wünschen der Patienten gerecht zu werden, wird man in Zukunft umdenken müssen.

Mit dem Konzept der abgestuften Hospiz- und Palliativversorgung ist es in Österreich, speziell in Kärnten, gelungen, ein einzigartiges System aufzubauen, das auf die Wünsche der Menschen eingeht: Verbesserung der Lebensqualität, Autonomie und soziale Integration. Das Ganze nennt sich Palliative Care und setzt eine Philosophie um, von der jeder im Gesundheitswesen profitiert.

Wichtige Aufgabenstellungen der Palliativversorgung sind die Verbreitung des Palliativgedankens und der Haltung, die diesem zugrundeliegt, durch ein Angebot von Fort- und Weiterbildung sowie die Gründung von Qualitätszirkeln. Das Wissen über Palliative Care sollte in allen Gesundheitsberufen in die Ausbildung integriert werden, damit es im Idealfall ein Teil der inneren Wertehaltung wird.

In Kärnten haben wir die abgestufte Hospiz- und Palliativversorgung folgendermaßen umgesetzt:

Stationäre Palliativversorgung: Es gibt in Kärnten 64 Palliativbetten pro 1 Million Einwohner. Die internationalen Empfehlungen gehen von 80 bis 100 Betten aus. Folgt man diesen Zahlen, ist in Kärnten also noch ein Ausbau notwendig.

Mobile Palliativversorgung: Für die Vernetzung mit Haus- und Fachärzten gibt es in Kärnten fünf mobile Palliative-

Care-Teams, zwei von ihnen sind in Villach stationiert, die den Oberkärntner Raum betreuen. Ein weiteres mobiles Palliativteam ist in St. Veit in Mittelkärnten beheimatet. Zwei mobile Palliativteams sind im Klinikum Klagenfurt angesiedelt, die Unterkärnten und den östlichen Teil des Landes betreuen. In ganz Österreich gibt es 60 mobile Palliativteams.

Die Palliative-Care-Teams bestehen aus Medizinern, Pflegekräften, Psychologen und Sozialarbeitern und jedes Team versteht sich als Koordinationsstelle der einzelnen Berufsgruppen. Die Zusammenarbeit soll eine möglichst lange und gute Versorgung der schwerkranken Patienten zu Hause gewährleisten. Sowohl die Angehörigen als auch der Patient haben die Möglichkeit, das mobile Palliativteam zu kontaktieren, danach wird die Versorgung nach einem genauen Plan eingeleitet. Diesem mobilen Palliativteam kommt eine immense Bedeutung zu: Neun von zehn Menschen über 65 wollen ihren letzten Lebensabschnitt zu Hause verbringen. Auf diese Weise wird man ihrem Wunsch gerecht.

Im Klinikum Klagenfurt haben wir von 2005 bis 2020 insgesamt 5.000 Menschen auf unserer Palliativstation betreut. Die Entlassungsrate nach Hause lag zu Beginn bei 62 Prozent und liegt jetzt, weil bei multimorbiden und schwerkranken Patienten zunehmend das soziale Umfeld fehlt, nur noch bei 40 Prozent. Ins Pflegeheim werden zwischen sechs und sieben Prozent entlassen, 50 Prozent versterben auf der Palliativstation. Österreichweit sind es 60 Prozent.

Sterbewelt Spital: Palliativstationen sind Stationen in einem Krankenhaus, die Menschen mit weit fortgeschrittenen Erkrankungen und begrenzter Lebenserwartung aufnehmen. Sie tragen Sorge für die komplexen Probleme, vor denen die Betroffenen stehen. Ziel ist es, eine Stabilisierung der körperlichen und psychosozialen Situation zu erreichen, um eine Weiterversorgung außerhalb des Krankenhauses zu ermöglichen. Die zunehmende Hilfsbedürftigkeit bedingt immer auch die Unterstützung der Angehörigen. Sie werden in dieses umfassende Betreuungskonzept miteinbezogen. Das funktioniert nur, wenn alle zusammenarbeiten: spezialisierte Ärzte, Pflegende, Psychologen, Sozialarbeiter, Seelsorger, Therapeuten, Diätologen und ehrenamtliche Mitarbeiter. Dabei steht immer die Lebensqualität des Schwerkranken im Mittelpunkt. Sterben wird so zu einem Prozess, weder beschleunigt noch verzögert.

Die Kranken und ihre Angehörigen: Wenn Patienten auf die Palliativstation kommen, sind ihre Krankheiten weitgehend bekannt. Auch haben sie unterschiedlich viele Untersuchungen und zum Teil belastende Behandlungen hinter sich. Wir Ärzte lassen sie einmal bei uns ankommen. Dann tasten wir uns heran. Welche Beschwerden hat der Patient oder die Patientin? Wie geht er oder sie damit um? Wie gehen die Angehörigen damit um? Wie war die Versorgung bisher? Welche Vorstellungen haben Patienten und Angehörige von ihrer näheren Zukunft? Wie und wobei können wir helfen? Wir schränken die Besuchszeiten auf der Palliativstation nicht ein, die Angehörigen können jederzeit kommen. Sie sind deshalb oft da, zum Teil auch in der Nacht, und so lernen wir nach und nach die Patienten, ihre Angehörigen und ihr Umfeld kennen. Ein Kernelement unserer Arbeit sind unsere täglichen interdisziplinären Besprechungen, bei denen wir von den Menschen, die bei uns liegen, erzählen. Nur so lernt man sie besser verstehen. Wir müssen uns immer vor Augen halten, dass die Patienten unter einer hohen Symptomlast leiden, die lebensbedrohlich ist. Das gibt zu denken. Kann man eigentlich noch kränker sein?

Wenn kurativ nichts mehr zu machen ist, sprich, wenn alle Behandlungen nicht mehr fruchten, ist noch viel zu tun. Schwerkranke Menschen leiden oft unter starken und zunehmenden Schmerzen, unter quälender Atemnot und damit verbundener Angst, unter Appetitlosigkeit, Schwäche, Müdigkeit, Erschöpfung, unter Übelkeit und quälendem Erbrechen, unter Verstopfung. Sie fantasieren im Delirium. Diese Beschwerden kann man mit Medikamenten lindern.

Zu unserer täglichen Arbeit gehört es auch, genau dann mit den Patienten und Angehörigen zu besprechen, welche krankheitsbedingten Verläufe und möglichen Komplikationen auftreten können – zum Beispiel unstillbare Blutungen –, und mit ihnen gemeinsam festzulegen, was wir in einem solchen Fall machen und was nicht. Und vor allem, wenn wir etwas nicht machen, *warum* wir es nicht mehr machen.

Für solche Entscheidungen ist ein hohes Maß an Expertise nötig. Spezielle Geräte dienen der Versorgung: Katheter, Kanülen, Sonden, Drainagen. Und immer wieder droht nach kurzer Zeit eine weitere Verschlechterung, weil es sich eben um unheilbare Erkrankungen handelt. Natürlich ist all das für die Betroffenen und ihre Angehörigen mit schrecklichem Leid verbunden, weil es immer wieder Rückschläge gibt und Ziele neu definiert werden müssen. Dazu kommt unter Umständen noch der Wunsch, nach Hause entlassen zu werden, und gleichzeitig zu sehen, dass sich dieser Wunsch nicht mehr umsetzen lassen wird. Durch verschiedene Entlassungsmodalitäten kann man diesen Ängsten begegnen. Wir bieten stunden- oder tageweise Entlassungen mit Bettenreservierung an, um zu sehen, ob es mit den bisherigen Unterstützungen zu Hause geht. Das gelingt, wenn der Patient stabil ist. Oder die Umstände zeigen uns, dass ein Bleiben zu Hause einfach nicht mehr möglich ist. In manchen Situationen, vor allem bei alten Menschen, wird auch die Entlassung in eine Pflegeinstitution überlegt.

Leben bis zuletzt auf der Palliativstation – dazu zwei Patientengeschichten.

Über das Mobile Palliativteam kam eine 89-jährige Patientin auf unsere Station, sie hatte einen Tumor, ausgehend vom Becken. Die Frau lehnte weitere Eingriffe und Behandlungen ab, sie wollte ihren Frieden. Zum Zeitpunkt der Aufnahme war sie sehr müde und geschwächt, zu Hause sei sie extrem unruhig gewesen, immer diese Schmerzen. Wegen der anhaltenden, für die Patientin quälenden Müdigkeit änderten wir die eingeleitete Therapie und siehe da, die Patientin war auf einmal ansprechbar. In dieser Zeit lernten wir bei der täglichen Visite eine bewusstseinsklare, weise Frau kennen. Sie las sogar ein Manuskript, das ihre 92-jährige Schwester verfasst hatte. Das Buch handelte von ihrer Jugend in der Zeit des Zweiten Weltkriegs und stand kurz vor der Veröffentlichung. Ihr sehnlichster Wunsch war es, diese Seiten noch vor ihrem Tod zu schaffen – und das gelang ihr. Die Frau sagte, sie wolle ihr Leben hier bei uns aushauchen. So nannte sie es. Aushauchen.

Sie hätte dieses Ziel vermutlich nicht erreicht, wenn wir sie gegen ihren Willen und gegen den der Angehörigen in ein Pflegeheim überstellt hätten. Der Druck wäre zu groß gewesen. Ihre Aufenthaltsdauer wäre zwar kürzer gewesen, aber wir hätten an Menschlichkeit verloren, auf der Palliativstation und im gesamten Klinikum. Und möglicherweise wäre uns die Patientin bei einer weiteren Verschlechterung in der Pflegeinstitution wieder mit der Rettung gebracht worden, entweder direkt oder über die Zentrale Notaufnahme. All das ist der Frau erspart geblieben. Wir haben aber auch für die Hinterbliebenen zu einem mitfühlenden, eigentlich aus unserer Sicht ganz selbstverständlichen Umgang mit Schwerkranken und Sterbenden beigetragen. Alles andere wäre Ausdruck einer Verrohung unseres Umgangs mit Menschen am Lebensende.

Und dann war da noch dieser 71-jährige Mann mit Darmkrebs. Der Patient litt unter Schwäche, Übelkeit und hohem Blutzucker als Folge der Operation. Er konnte nichts essen, wollte nur nach Hause. Aber sein körperlicher Zustand ließ das nicht zu. Er sah das ein. Wir redeten viel mit ihm. Einmal erzählte er, dass er früher leidenschaftlicher Motorradfahrer gewesen sei, der auch einem Club angehörte. Einmal noch die alten Freunde sehen, sagte er, nur einmal. Der Zufall wollte es, dass seine Bikergemeinde in der Nähe ein Treffen veranstaltete. Wir organisierten einen Transport. Er selbst wollte unbedingt mit entsprechender Kleidung daran teilnehmen. Er zog die Lederhose an, die Stiefel und schlüpfte in die Motorradjacke. Die Rettung durfte mit ihm direkt zum Stützpunkt seines Clubs vorfahren, wo seine Kollegen auf ihn warteten. »Jetzt bin ich zu Hause«, sagte er, als ihn die Sanitäter von der Liege in den Rollstuhl hoben. Unter Aufbietung all seiner Kräfte verbrachte er zwei Stunden bei diesem Treffen. Dann sagte er, dass er wieder zurück wolle, und bedankte sich für einen der schönsten Tage seines Lebens. Zwei Tage später starb der Patient auf unserer Palliativstation.

Es war an einem frühen Nachmittag, gerade als das Treffen der Bikergemeinde beendet war, seine Clubkollegen wurden informiert und drehten mit ihren Motorrädern noch eine

Ehrenrunde für ihren verstorbenen Freund. Im Hintergrund spielte es *Born to be wild.*

Nicht alle sterbenden Menschen können und sollen nur auf der Palliativstation im Krankenhaus versorgt werden. Wir sprechen uns klar gegen eine Ghettoisierung des Sterbens auf der Palliativstation aus. Der Umgang mit Sterbenden und ihren Angehörigen muss zu unser aller Alltag gehören, er muss gekennzeichnet sein von menschlicher und fachlicher Zuwendung – von uns allen. Dem Wunsch der Schwerkranken, zu Hause zu sterben, sollte wenn irgendwie möglich immer entsprochen werden. Das geht nur dann, wenn es gelingt, den Erkrankungsverlauf zu stabilisieren, dadurch Ängste abzubauen und zu signalisieren: Sie schaffen das.

Oft ist das nicht möglich. In einer Gesellschaft, die zusehends vereinsamt, gibt es niemanden, der noch hilft. Und so übernehmen wir die Aufgabe, die letzte Phase des Lebens der uns Anvertrauten bis zum Schluss zu begleiten. Schmerzen lindern, beruhigen, in Ruhe verabschieden. In den Krankenhäusern müssen wir der Kultur des Sterbens mehr Platz geben.

Raum.

Von Fall zu Fall

Herr W. war fast neunzig. Dickdarmkrebs. Er war eine angesehene Persönlichkeit und wirtschaftlich sehr erfolgreich. Ein Mensch, der immer großen Wert auf sein Familienleben gelegt hat. Wenn der Primar zu ihm gerufen wurde, um die Schmerzen zu lindern, war die gesamte Familie anwesend, alle Kinder um ihn versammelt.

Die Therapie haben wir mit seinem Hausarzt besprochen. Herr W. hat alles hinterfragt, jedes Schmerzmittel, das er nehmen sollte. Nach der Besprechung brachte ihn die Tochter zurück ins Bett. Die Betreuung erfolgte über Monate zu Hause. Die Familie war seine Stärke, seine Kraft und auch sein Lebenswillen.

Erst in den letzten Wochen, als seine Krankheit weit fortgeschritten war und er überall Metastasen hatte, war er körperlich schwächer, doch immer klar ansprechbar. Seine Krankheit nahm er mit einer gewissen Gelassenheit zur Kenntnis. Wir brachten ihn auf die Palliativstation. Er bekam jeden Tag Besuch von allen Familienmitgliedern, auch von den Schwiegersöhnen, Schwiegertöchtern und seinen Enkelkindern. Herr W. war stets im Mittelpunkt und noch immer der, der gewisse Dinge entschied.

Ein Tag vor Weihnachten. Als der Primar ins Zimmer kam, saß Herr W. aufrecht im Bett. Er bewahrte bis zum Schluss Haltung. Der Primar zog sich einen Sessel ans Bett und hielt eine halbe Stunde seine Hand, ohne ein Wort zu sagen.

»Danke«, sagte Herr W. danach. Am nächsten Morgen ist er friedlich eingeschlafen.

Von Martin Gutl, Priester und Buchautor, stammen folgende Zeilen:

»Selbst ratlos sein und doch viele beraten können.
Selber gebrochen sein und doch vielen als Halt dienen.
Selbst Angst haben und doch Vertrauen ausstrahlen.
Das alles ist Menschsein, ist wirkliches Leben.«

Ein pensionierter Primar erkrankte ebenfalls an Krebs und kam dann auf die Palliativstation. Uns verband blindes Vertrauen. Viel haben wir über den Tod gesprochen. Er hatte keine Angst vor dem Tod, er hatte auch keine Angst zu gehen. Er hatte die Kraft – und das war das Schöne –, zu seinem alten Freund noch zu sagen: »Pass auf dich auf.«

Obwohl er schwer krank und gezeichnet war, ging es ihm um das Wohl der anderen. Das ist Menschsein, wirkliches Leben.

Ulla liegt im Spital. Ihr Freund, der Anästhesist, steht in der Tür. Sprungartig steigt ihre Laune.

»Na, wie geht es? Gut geschlafen?«

»Danke! Schlaf ist für mich kein Problem. Schlafen konnte ich immer, zu jeder Tageszeit, in jeder Situation. Ich musste nur wollen. So auch in diesen Tagen.«

»Wichtig! – Und Schmerzen?«

»Sind zu ertragen. Noch. Aber ich habe Angst. Nicht vor dieser tückischen Krankheit, nicht vor dem Tod. Ich habe Angst vor den Schmerzen. Vor allem, dass der Zeitpunkt kommen könnte, an dem sie unerträglich werden. So unerträglich, dass ich mich nicht mehr in der Hand habe. Schmerz auf Dauer muss tödlich sein, für jeden Willen zur Gesundung, für jede Hoffnung. Siehst du das nicht so?«

»Das war einmal. Ich kann dich beruhigen: Heute sind wir in der Lage, Patienten schmerzfrei zu halten.«

»Mithilfe der stärksten Medikamente, wahrscheinlich? Um den Preis, dass er davon abhängig wird, süchtig.«

»Nein, Ulla. Wir können gut dosieren. Wir können dich auf einen Zustand einstellen, der gerade genügt, um dich schmerzfrei zu machen. Und was deine Bedenken betrifft: Wenn du wirklich Schmerzen hast, wirst du von den Mitteln nicht süchtig.«

Ungläubig starrte sie ihn an. Ihr war, wie wenn man bei großer Hitze einen Mantel auszieht und plötzlich eine gewaltige Erleichterung verspürt. Selbst in diesem Augenblick der Spannung schien der Schmerz gewichen zu sein. Doch da war er wieder. Wie zu fast jeder Stunde. Von der Wirbelsäule ausgehend, auf beiden Seiten und nach unten ausstrahlend. Stechend, bohrend. Ulla versuchte, sich flach auszustrecken und zu entspannen.

»So sieht er aus, mein Antischmerzmann. Vertrauen erweckend und Vertrauen erhaltend.« Sie war froh über diese Begegnung. Schon am Abend erhielt sie Tropfen und Tabletten gegen ihre Schmerzen, mit dem Hinweis, das Medikament müsse seine Wirksamkeit im Körper erst aufbauen. Das würde zwei Tage dauern. Und doch schien der Schmerz wie weggewischt.

Schmerz hat verschiedenste Ursachen. Seine Entstehung ist im psychischen und physischen Bereich zu suchen. Ebenso scheint er nicht nur auf Medikamente zu reagieren. Es mag Ärzte geben, die dem Schmerz und seiner Verhütung zu wenig Augenmerk zuwenden. Schmerz kann anhand von Skalen gemessen werden. Leiden dagegen nicht.

Schmerz ist ein individuelles Empfinden, man kann ihn

unterdrücken oder verstärken. Man wird ihn aber immer subjektiv stärker oder schwächer empfinden. Es ist erstaunlich, dass unsere so fortschrittliche Medizin noch nicht in der Lage ist, Schmerz objektiv zu messen. Wie Blutdruck oder den Puls.

Schmerztherapie beruht auf Wissen und Erfahrung.

Ulla wusste, dass ihr Arzt ihre Situation ständig beobachten würde. Was sie nicht wissen konnte, war, dass sie in den folgenden Monaten ständig versucht sein würde, die Dosierung zu verringern, die Schmerzen auszuloten. Mit dem Kleinerwerden der Metastasen sollten sich auch die Schmerzgrenzen verschieben.

Sechs Monate nach jenem Tag, an dem ihr noch ein halbes Jahr Lebenszeit prognostiziert worden war, hatte sie die Dosierung ein gutes Stück unter die Hälfte der ursprünglichen zurückgeschraubt. »Mein Ablaufdatum ist längst überschritten«, sagt sie, »aber nie habe ich den vergangenen Wochen Schmerz erdulden müssen. Tausende schmerzfreie Stunden machen Kraft frei.« Jede Sekunde war ein Geschenk.

Fridolin erzählt: »Seit meinem sechsten Lebensjahr bin ich krank. Ich fühlte mich nicht so richtig wohl in meiner Haut. Ein Stottern, das vorher nicht da gewesen war, hatte mich aus heiterem Himmel aus der Bahn geworfen. Keiner konnte oder wollte wirklich sagen, warum das so war. Der Hausarzt reagierte überhaupt nicht darauf. Ein Kinderarzt stellte nur eine düstere Prognose, mehr nicht. Es fehlten das Geld und die Möglichkeiten zur Therapie und so ist mein Stottern geblieben. Ich sage das ohne Hass, ohne Vorwürfe, denn niemand konnte etwas dafür, dass es so war, die Zeit war eine andere.«

Wie ist es dir ergangen, als du erfahren hast, dass du auf die Palliativstation kommen solltest?

Fridolin: Du vom mobilen Palliativteam hast mich ja schon bei den letzten Aufenthalten betreut – du hast mir meine Texte, die ich selber geschrieben habe, vorgelesen, quasi als Entspannungsübung.

Aber jetzt noch einmal zurück zur Palliativ ...

Fridolin: Ich bin dann aufgeklärt worden, da kommen Leute eine Zeit lang hin, und wenn es ihnen wieder besser geht, kommen sie wieder heim. Es sind aber trotzdem alle schwer krank und viele können nicht mehr geheilt werden. Das macht mir schon zu schaffen. Krebs hin oder her. Gottes Wille und zugleich meine Erlösung. Man versucht immer wieder, den Tod hinauszuschieben. Er selber fragt aber nicht, er kommt, ob man will oder nicht. Er sagt einfach: Kumm!

Du verbindest also Sterben mit der Palliativstation?

Fridolin: So in etwa, irgendwie hat es ja damit zu tun, aber dort bin ich trotz Isolation umsorgt worden, es war immer wer da, und wenn ich ein bisschen Schmerzen gehabt habe, habe ich eine Schmerzmedikation bekommen. Wenn was war, sind Untersuchungen gemacht worden. Und die Ehrenamtlichen sind ein eigenes Kapitel – wenn sie nicht wären ... wenn ihr nicht wärt. Danke, danke, dass es Menschen gibt wie euch. Dass es Menschen gibt, die einfach da sind. Ich habe so etwas noch nie erlebt. Menschen, die mit dir mitleben und auch mit dir mitfühlen und nicht sagen, das kostet jetzt so und so viel, sondern die sagen, ich bin jetzt da, ich bin für dich da. Was tät ich ohne euch? Wenn das Wochenende kommt, eine neue Woche, freue ich mich schon, wenn alle wiederkommen. Ich dank euch von Herzen, ihr tut's mir einfach gut.

Fridolins Augen sind feucht, eine Freudenträne kullert ihm über die rechte Wange. Er weiß das Leben zu schätzen und ist dankbar für die Hilfe auf dem letzten Weg.

Sterbende Menschen brauchen eine besondere Betreuung. Und vor allem: Verständnis im Gespräch. Wir haben dafür den Begriff »Sorgenetz« gefunden. Dieses Sorgenetz hat die wichtige Aufgabe, Patienten zu unterstützen, ihnen Entscheidungen abzunehmen und Hilfe anzubieten. Aber es ist noch aus einem weiteren Grund von großer Bedeutung am Lebensende. Das Schlüsselwort heißt Resonanz.

Der deutsche Soziologe Hartmut Rosa beschreibt Resonanz als eine Form der Weltbeziehung, in der sich Subjekt und Welt gegenseitig berühren und zugleich transformieren. Wobei er betont, dass Resonanz kein emotionaler Zustand ist, sondern ein Beziehungsmodus. Resonanz ist laut Rosa sowohl eine Fähigkeit als auch ein Bedürfnis.

Sorgenetze sind am Lebensende für die Betroffenen und ihre Angehörigen deswegen von so großer Bedeutung, weil sie einen Resonanzraum eröffnen. Sie ermöglichen es den Betroffenen, mit der Welt – in diesem Fall der Sterbewelt – in Beziehung zu sein, zu berühren und berührt zu werden. Erfahrungen mit dem Sterben werden von unseren Interview-Partnern, sowohl von Sterbenden und Angehörigen als auch von professionell Sorgenden, an vielen Stellen als schön oder als Momente des Glücks bezeichnet.

Im Übergang schwindet die Angst.

Das gelingt, weil die Sorgenetze Resonanzen ermöglichen. Die Interview-Partner schätzen die fachliche Kompetenz der Ärzte und Pfleger und wissen, dass es Personen braucht, die die Fäden ziehen, die Koordination übernehmen. Bei der Professionalität spielt hier die Beziehung untereinander eine große Rolle.

Die Angehörigen wollen in den Pflegeprozess miteinbezogen werden und wissen, dass sie nicht allein die Verantwortung tragen. Gerade in Momenten des Glücks und der Zufriedenheit wird deutlich, wie wichtig soziale Beziehungen, zwischenmenschlicher Kontakt und Empathie sind. Sowohl für die Menschen am Lebensende als auch ihre Angehörigen.

Dafür gibt es ein Wort, das im Medizinstudium niemand groß auf die Tafel schreibt: Vertrauen.

Irrsinn Reparaturmedizin

Der Tod ist keine Option, heißt es im Krankenhaus. Der Tod darf nicht sein. Jeder Tod ist ein finales Versagen der Medizin.

Tod ist Schande.

Diese unausgesprochene Doktrin beherrscht unser Wirken als Ärzte in weißen Kitteln. Leben und Sterben werden zur Industrie.

Mit aller Macht will man Menschen am Sterben hindern. Tausende Euro für ein Medikament werden in eine 98-jährige Frau gepumpt, obwohl sie schon längst mit allem abgeschlossen hat. Sie will gehen, aber man lässt sie nicht. Der Tod wird verbannt und, was jeder weiß, nur aufgeschoben, sei es um ein paar Tage, Stunden oder Minuten. Wenn sich der grimme Schnitter dann doch nachts ins Zimmer schleicht, ist am nächsten Tag das Bett frisch gemacht und die Sache erledigt. Abgehakt und aufgeräumt. Fast so, als hätte der Tod das Ego des Arztes beleidigt.

In unserem kranken System wird oft alles getan, um die kaputten Körper am Leben zu halten. Keiner darf gehen, bevor man nicht alle Maßnahmen gesetzt und alle erdenklichen Therapiemöglichkeiten ausgeschöpft hat. Der Patient wird von Station zu Station verlegt, wie bei der Reise nach Jerusalem. Als wäre das ein Spiel oder Wettkampf mit nur einer Regel: Auf unserer Station stirbt der sicherlich nicht! Never.

Der Tod gehört aber wieder zurück ins Leben gerufen. Leute, hallo, es darf gestorben werden! Wenn man ein hohes Alter erreicht hat, ist der Tod ein vorhersehbares Ereignis. Mediziner dürfen ihn nicht zu einer Diagnose machen. Der Tod ist keine Krankheit. Man darf auch ohne Arzt sterben, der Tod nimmt einem das nicht krumm.

Man kann sehr wohl auf Normalstationen sterben, nicht nur auf der Palliativ- oder der Intensivstation. Alles eine Frage der Auseinandersetzung mit dem Tod.

Die Medizin ist größtenteils besessen vom Machbarkeitswahn. Der Halbgott in Weiß steigt herab und heilt den Kranken dank seiner operativen und medizinischen Exzellenz. Der menschliche Trieb, sich stetig zu verbessern und neue Technologien zu schaffen, ist manchen Kollegen zu Kopf gestiegen.

Patienten sind gewöhnt, in ein Spital zu gehen, um geheilt zu werden. Sie wollen nicht selbst Verantwortung für ihren Körper übernehmen oder sich mit der Krankheit auseinandersetzen, sie wollen repariert werden wie ein Auto. Vergaser neu einstellen, Auspuff wechseln, einmal drüberlackieren und fertig ist der Patient.

In Zeiten von Corona wurden nicht-lebensnotwendige Operationen verschoben, da die Krankenhäuser überlastet waren und die potenziellen Patienten die Ansteckung fürchteten.

Jährlich sterben in Österreich rund 84.000 Menschen. Mit oder an Covid sind binnen eines Jahres Pandemie 8.654 Menschen gestorben, also 0,097 Prozent aller Österreicherinnen und Österreicher. Wir Ärzte ruhen in der Verhältnismäßigkeit.

Corona, ja, natürlich, es gibt aber bitte schön noch andere Dinge, die uns umbringen: Krebs, Unfälle, Schlaganfälle, Herztod. Die Politik übersieht das gern.

Ein Beispiel.

Ein 48-jähriger Mann erlitt einen Herzinfarkt. Seine Frau fand ihn daheim, leblos. Der Mann wurde vom Notarzt wiederbelebt. Durch den Herzinfarkt und wegen der Sauerstoffunterversorgung war sein Gehirn geschädigt. Wir sprachen ausführlich mit der Ehefrau. Der Mann musste von der Maschine beatmet werden. Er zeigte keinen Kontakt zur Umgebung, reagierte leicht vegetativ, also mit Anstieg der Herzfrequenz, und fieberte auch immer wieder. Sein Zustand zeigte keine Besserung, sieben Wochen nach dem Herzinfarkt ist er gestorben, weil wir die Medikamente reduziert haben. Es war eine ethische Entscheidung, bei der abgewogen wird: Gibt es noch ein Therapieziel? Gibt es eine Prognose? Wie ist der Patientenwille? Und auch der Patientenwille war klar. Er hat immer gesagt, wenn er komplett von den Maschinen abhängig ist, will er so nicht leben. Mit 48 Jahren zu sterben, ist viel zu jung, das geht auch einem Arzt ans Herz. Aber man musste ihn gehen lassen.

Zur selben Zeit wurde in Kärnten in den Medien die erste Corona-Tote erwähnt. Es war eine 90-jährige Patientin, die aufgrund einer Herzschwäche eingeschlafen ist. Keiner redete von dem 48-Jährigen, der vor seinem Tod mitten im Leben gestanden ist. Natürlich hatte er Risikofaktoren für einen Herzinfarkt, war aber aktiv – und starb trotzdem. Hier hat uns die Wertigkeit erschreckt. Als würde ein Mensch ein Etikett bekommen: Corona, dann ist es etwas Besonderes, wenn man stirbt, doch wenn ein 48-Jähriger an Herzversagen stirbt, hat das keine Bedeutung. Das hat uns sehr traurig gestimmt.

Ärzte können es natürlich auch zu gut meinen, das kennen wir. Menschen werden oft über Gebühr mit Medikamenten versorgt. Das Phänomen nennt man Polypharmazie. Davon spricht man, wenn Menschen mehr als fünf Medikamente täglich einnehmen.

Als Arzt im Spital muss man sich neun Fragen stellen, bevor man Patienten ein Mittel verabreicht.

- Gibt es für das Medikament eine medizinische Grundlage, also eine Diagnose?
- Ist die Medikation für das bestehende Problem wirksam?
- Stimmt die Dosierung?
- Ist die Verordnung korrekt und praktikabel?
- Gibt es zwischen den verwendeten Medikamenten Wechselwirkungen?
- Gibt es zwischen den Medikamenten und den Erkrankungen Wechselwirkungen?
- Gibt es unnötige Zweifachverordnungen?
- Stimmt die Therapiedauer?
- Gibt es günstigere Alternativen?

Das Behandlungsdilemma zeigt sich am Ende des Lebens. Ärzte könnten die Überlebenszeit ihrer Patienten in der letzten Phase des Lebens zu optimistisch sehen, weil sie mit ihren Patienten emotional verbunden sind. Außerdem wird auch dem Arzt oder der Ärztin die eigene Endlichkeit vor Augen geführt. Beim Versuch der Objektivierung von Überlebensvorhersagen durch Ärzte zeigte sich in einer unlängst publizierten Studie ein interessantes Bild: Von knapp 900 Voraussagen waren knapp 40 Prozent richtig, 26 Prozent unterschätzten und 34 Prozent überschätzten die Überlebenschancen von Patienten mit Metastasen.

Der sogenannte Karnofsky-Index – eine Skala, die die symptombezogenen Einschränkungen der Aktivität, Selbstversorgung und Selbstbestimmung bei Patienten mit bösartigen Tumoren misst – zeigte am ehesten eine richtige Einschätzung der weiteren Überlebenszeit, während die Erfahrung des Arztes das nicht tat. Jedenfalls beschäftigen sich Pfleger und

Ärzte oft mit Fragen der medizinischen Sinn- oder Nutzlosigkeit von Therapien am Lebensende. Von ihnen wird häufig bemerkt, dass eine Umorientierung von einer kurativen hin zu einer palliativen Ausrichtung der Therapie zu spät erfolgt.

Das hat sechs Gründe: Der Zeitpunkt der Entscheidung wurde verpasst; die Informationslage war unvollständig; die Ärzte waren sich nicht einig; die Ärzte waren unsicher; die Ärzte wollten den Tod nicht akzeptieren; die Wünsche der Patienten stimmten mit den Vorstellungen der Angehörigen nicht überein.

Es ist eben nicht so einfach, wenn's dem Ende zugeht. Steve Jobs hat in seiner Stanford-Rede Folgendes postuliert: »Die Überlegung, dass ich bald tot sein werde, ist für mich die wichtigste Hilfe bei den wirklich großen Entscheidungen im Leben. Denn fast alles – anderer Leute Erwartungen, Stolz, Versagensangst – wird im Angesicht des Todes unwichtig, es bleibt nur, was wirklich wichtig ist. Wer bedenkt, dass er sterben wird, fällt nicht der Illusion anheim, er habe etwas zu verlieren. Man ist sowieso nackt. Es gibt keinen Grund, nicht der Stimme des Herzens zu folgen. Niemand stirbt gern. Selbst diejenigen, die in den Himmel wollen, möchten deswegen nicht sterben. Und doch ist der Tod unser aller Schicksal. Niemand entkommt ihm. Und so soll es auch sein, denn der Tod ist vermutlich die beste Erfindung des Lebens. Er ist der Motor des Wandels. Er räumt mit Altem auf, um Platz zu schaffen für Neues. Heute sind Sie das Neue, aber irgendwann werden Sie die Alten sein und abtreten. Entschuldigen Sie diese drastische Formulierung, aber so ist es nun einmal.«

Die Medizin hat sich über Jahrhunderte einseitig der Bekämpfung von Krankheit und Tod gewidmet. Mit dem Aufkommen der modernen Naturwissenschaften und sich rasant weiterentwickelnder Technologien steigern sich die Erfolge. Dadurch aber wird die Medizin immer mehr zu einem willkommenen Mittel der gesellschaftlichen Krankheits- und Todesverdrängung.

Der Tod und chronisches Kranksein ist und bleibt eine Niederlage.

Durch die Bevorzugung von Sensationsmeldungen aus dem Bereich der Medizin spielen Massenmedien eine große Rolle. Dadurch wird eine kaum erfüllbare Erwartungshaltung an die Medizin erzeugt, wird großer Druck auf Ärzte und Pflegepersonal ausgeübt.

Natürlich nutzt die Medizin die Medien, um durch entsprechende Darstellung ihrer Kunstfertigkeit und Möglichkeiten Prestige, Forschungsgelder, Personal und Macht zu gewinnen.

Doch gerade Menschen, die dem Tod nahe sind, Sterbenden in ihrer Angst und Not, chronisch Kranken mit Schmerzen wird oft nicht die ausreichende Aufmerksamkeit der Medizin zuteil, deren Hauptaugenmerk auf Heilung und Reparatur gerichtet ist. Sie werden mit ihrem Leid allein gelassen.

Organisationsethisch gesehen, stellt sich die Frage: Ist es gut so, wie die Abläufe im Krankenhaus im Hinblick auf die verschiedenen Aspekte menschlichen Lebens, auf alte und pflegebedürftige Menschen, letztendlich auch im Hinblick auf den Tod organisiert sind? Ist das Krankenhaus altersgerecht eingerichtet? Wie ist der Umgang mit Menschen, die dem Tod nahe sind und, weil sie Schmerzen oder Atemnot haben, die Notfallaufnahme aufsuchen müssen?

Wenn die Abläufe in den Krankenhäusern nicht auf die Anspruchsgruppen eingehen, zeigen sich die Schwächen unseres Gesundheits- und Versorgungssystems. Der finanzielle Druck, die knappen Personalressourcen und viele Tausend Kleinigkeiten sind die Ursachen. Einen Arzt in der Rolle des Rationalisierers darf sich ein Versorgungssystem nicht leisten – eine solche Umsetzung von Wirtschaftlichkeitskriterien entspricht nicht dem Gedanken eines evidenzbasierten medizinischen Handelns. Im Gegenteil. Ganz allgemein, insbesondere aber in der Versorgungsforschung, fehlt die gesellschaftliche Priorisierung der Probleme von alten Menschen.

Zahlen kennen keine Ethik. Wir müssen zur Kenntnis nehmen, dass ökonomische Ergebnisse wichtig sind, Geld darf aber nicht das primäre Thema sein.

Medizinökonomen erklären gern, dass Qualität immer vor Kostendominanz steht, aber das ist gelogen. Unsere Erfahrungen zeigen, dass Spitäler – mit Ausnahme der Geriatrien – nicht im erforderlichen Ausmaß auf die Bedürfnisse von älteren Patienten eingehen. Es sind nicht große Umbauten von Gebäuden, die hier einzufordern sind, sondern der humane Umgang. Man muss sich fragen: Wer ist dieser Patient? Wer ist dieser Mensch?

Es ist eine Frage der Organisation, der effizienten Abläufe, denn ein wenig mehr Aufwand während der ersten halben Stunde der Aufnahme eines älteren Patienten in einer Notfallaufnahme kann dessen Krankheitsverlauf ganz entscheidend beeinflussen. Dreißig Minuten können ihm Monate schenken, manchmal sogar Jahre. Dreißig Minuten zuhören, reden und verstehen.

In Krankenhäusern gibt es für alle Behandlungen Leitlinien, die vorgeben, wie Ärzte – zum Beispiel bei einer gebrochenen Hüfte – vorzugehen haben. Diese Leitlinien vergessen aber oft auf alte Patienten.

In Österreich, Deutschland und der Schweiz spielt die Geriatrie im Bereich der akademischen Forschung und Lehre eine eher untergeordnete Rolle. Diese Stellung als Mauerblümchen steht im Gegensatz zu blühenden Spezialdisziplinen der Medizin. Zweifelsohne sprechen die Patientenzahlen eine andere Sprache.

Bedauerlicherweise herrscht ein Mangel an medizinisch geriatrisch qualifizierten Personen – nicht nur bei den Ärzten, sondern auch in allen anderen Berufsgruppen –, um die notwendigen Aufgaben, Lehrtätigkeiten und Forschungsarbeiten vorzunehmen. Kurzum, es gibt nicht genug gute Leute, die mit dem Tod umgehen können.

Wie gehen unsere Gesellschaft und auch die Medizin mit der zunehmenden Zahl an alten und pflegebedürftigen Menschen um? Warten wir ab, bis das halbe Land senil ist?

Und was, bitte schön, ist gutes Sterben? Ethische Fragen am Ende des Lebens sollte man nicht auf die klassischen medizinethischen Fragen beschränken. Die Dilemmata am Lebensende zwischen Lebensverlängerung, Leidensverlängerung, Sterbenlassen sowie die Diskussion pro und contra assistiertem Suizid können nur aus einer interdisziplinären Sichtweise heraus betrachtet bzw. geführt werden, wobei Palliative Care die Nahtstelle zwischen Medizin, Pflege, Ethik, Soziologie, Gesundheitswissenschaften und Zivilgesellschaft sein muss. Da hat niemand allein die Weisheit mit dem Löffel gegessen.

Palliative Betreuung ist unbedingt erforderlich, darf aber nicht dazu führen, den Tod weiterhin in Pflegeheimen und Krankenhäusern zu institutionalisieren. Vielmehr muss der Tod wieder in unseren Lebensalltag miteinbezogen werden.

Der Tod braucht keine Medikamente, er kommt auch ohne sie sehr gut aus. Der sterbende Mensch benötigt Linderung seiner körperlichen und seelischen Leiden und spirituelle Zuwendung im Sinne einer umfassenden Umsorge. Und er braucht die Zuwendung ihm nahestehender Menschen, die ihn auf diesem Weg begleiten.

Eine »Normalisierung« des Sterbens erfordert dessen Einbettung in das soziale Alltagsleben, es braucht Rituale, angepasst an eine Gesellschaft, deren Mitglieder zunehmend einsamer werden.

Da müssen sich schon einige kluge Köpf an einen Tisch setzen, um nach einer Lösung zu suchen. Religion, Ethik, Philosophie, Psychologie, Medizin und Politik.

Die Einbettung des Sterbens in das Alltagsleben ruft nach Strukturen, die allen gleichermaßen zugänglich sind. Unterstützungsangebote für das Sterben zu Hause, Hospizeinrichtungen und Palliativstationen. Familien und Institutionen brauchen entsprechende Unterstützung und Hilfestellungen, damit sie ihrer Verantwortung für die Obsorge der Sterbenden gerecht werden können, ohne gleich überfordert zu sein.

Jeder Einzelne von uns muss sich mit seiner Endlichkeit beschäftigen. Nur so können wir für unser Lebensende entsprechende Vorsorge treffen. Dabei darf sich das Nachdenken über den eigenen Tod nicht auf die Auseinandersetzung mit den gewünschten oder auch nicht gewünschten medizinischen Maßnahmen beschränken. Das Nachdenken erfordert soziale, philosophische und spirituelle Überlegungen. Erst durch diese Einbeziehung der Mitmenschen und des eigenen Zugangs zur Spiritualität können wir einen Gesamtprozess zur Entwicklung einer neuen Sterbekultur in die Wege leiten. Die Vielfalt unserer Lebensrealitäten, Erfahrungen und Einstellungen kann zum Gelingen führen. Wir können das schaffen.

Im Voraus verfügen

Wie plant man das Ende? Wie macht man eine Patientenverfügung? Wie geht man einen Vorsorgedialog an?

Bei der Patientenverfügung unterscheidet man zwischen der sogenannten »verbindlichen« und der »beachtlichen« Patientenverfügung, die nicht verbindlich ist, aber sehr wohl den Willen und das Wollen des Verfassers ausdrückt.

Es handelt sich dabei um eine schriftliche Willenserklärung, mit welcher der Patient eine medizinische Behandlung ablehnen kann. Darin muss klar gesagt werden, dass man lebensverlängernde Maßnahmen ablehnt, eine Erklärung, die dann wirksam wird, wenn man zum Zeitpunkt der möglichen Behandlung selbst nicht mehr entscheidungsfähig ist. Das ist ein wichtiger Punkt. Solange der Mensch selbst entscheiden kann, lässt sich über jede Situation mit ihm diskutieren. Die Patientenverfügung kommt erst dann zum Tragen, wenn der Mensch nicht mehr ansprechbar ist.

Derzeit haben nur etwas mehr als vier Prozent der Österreicher eine Patientenverfügung errichtet. Die Entscheidung ist keine letztwillige Verfügung im eigentlichen Sinn, weil darin keine Verfügung für die Zeit nach dem Todeseintritt getroffen wird.

In der verbindlichen Patientenverfügung müssen alle medizinischen Behandlungen, die abgelehnt werden, konkret beschrieben sein, mit verständlichen Worten, nicht mit medizinischen Floskeln. Außerdem muss daraus hervorgehen, dass der Mensch, der die Patientenverfügung verfasst, die Tragweite der Ablehnungen richtig einschätzt. Die Errichtung einer Patientenverfügung bedingt eine umfassende ärztliche Aufklärung und muss, wenn sie verbindlich ist, von einer Rechtsanwältin oder einem Notar unterzeichnet werden. Sie bleibt acht Jahre lang gültig, muss dann wieder bestätigt werden, wofür erneut eine ärztliche Aufklärung notwendig ist. Danach beginnt die Frist von acht Jahren wieder zu laufen. Jede Änderung oder Ergänzung bedeutet, dass die Frist neu zu laufen beginnt.

Die Patientenverfügung kann jederzeit widerrufen werden. Jede Patientenverfügung kann auf Wunsch im Patientenverfügungsregister des Österreichischen Notariats sowie im Patientenverfügungsregister der Österreichischen Rechtsanwälte eingetragen werden. Der Wunsch vor dem Ende ist amtlich. Alle Informationen über die Patientenverfügung finden sich unter: www.oesterreich.gv.at.

Wichtig zu wissen ist, da es dabei immer wieder Irrtümer gibt: Man kann keine medizinischen Leistungen einfordern, nur medizinische Leistungen ablehnen. Zum Beispiel, dass es zu keiner mechanischen oder chemischen Wiederbelebung durch Medikamente kommt. So können Patienten mit schwerster Lungenerkrankung festhalten, dass sie keinen Schlauch für die Beatmung mehr haben wollen, auch keinen Luftröhrenschnitt. Dass sie nicht auf die Intensivstation kommen wollen und keine lebensverlängernden Maßnahmen durchgeführt werden dürfen. Wenn es kein Therapieziel gibt, keine Prognose besteht und auch die Lebensqualität nicht verbessert werden kann, darf man von ärztlicher Seite her keine Behandlungen mehr machen. So will es die Ethik.

Bei der Patientenverfügung kann der Hinweis auf eine Vorsorgevollmacht angegeben werden, was ganz wichtig ist. Es geht darum, einen Vorsorgebevollmächtigten zu bestimmen, falls es jemanden gibt. Das kann ein gewählter, ein gesetzlicher oder ein gerichtlicher Erwachsenenvertreter sein, im alten Sinne der Sachwalter.

Wichtig ist außerdem, wie der Arzt das Gespräch geführt hat. Ist dem Betroffenen die Tragweite seiner Entscheidung bewusst? Das heißt: Schätzt der Patient die medizinischen Folgen richtig ein? Um das alles herauszufinden, braucht es ein ausführliches Gespräch, einen Vorsorgedialog.

So nennt man einen Gesprächsprozess zum guten Leben und Sterben in Alten- und Pflegeheimen. Das Sterben gehört ebenso zum Leben wie das Sprechen über das Sterben.

Mit zunehmendem Alter und fortgeschrittener Krankheit bekommt das Thema immer größere Bedeutung. Der Vorsorgedialog ist der offene Umgang mit den letzten Wünschen, wie und wo ich sterben will. Es ist ein Dialog zwischen Betroffenem, Ärzten, Pflegenden und, falls gewünscht, auch den Angehörigen.

Ziel ist es, Raum zu schaffen, Wünsche und Bedürfnisse zu formulieren. Das Gespräch muss mit einfachen Sätzen geführt werden. Die medizinischen Maßnahmen müssen simpel erklärt werden, damit der betroffene Mensch sie nachvollziehen kann. Der Vorsorgedialog ist ein niederschwelliges Instrument zur Selbstbestimmung. Im Gespräch wird darauf geachtet, welche Instrumente vorliegen. Gibt es eine verbindliche Patientenverfügung, gibt es eine Vorsorgevollmacht, gibt es eine Erwachsenenvertretung für medizinische und pflegerische Belange? Welche Diagnosen hat der Patient, was ist das Therapieziel – dazu die Einschätzung des zu erwartenden Krankheitsverlaufs durch die Ärzte –, gibt es relevante Pflegediagnosen, Pflegeziele? Gibt es eine Willensäußerung zum guten Leben und würdigen Sterben, zu medizinischen und pflegerischen Interventionen wie der Ernährung über eine PEG-Sonde, die über den Magen gelegt wird, Schmerzmittel, Wiederbelebung? Ist eine Krankenhauseinweisung überhaupt erwünscht? Was sind die psychosozialen, spirituellen Bedürfnisse? Wie sehen die Wünsche zum Begräbnis aus? Wie genau sind sie angegeben?

Alles wird dokumentiert: Mit wem wurde alles besprochen, wer war anwesend, wie ist das Gespräch verlaufen?Ergänzend dazu die Vorsorge für Krisensituationen. Hier muss sich der Arzt fragen: Liegt eine verbindliche Patientenverfügung vor, eine Vorsorgevollmacht, wird die Wiederbelebung, das Verlegen in ein Krankenhaus in der Sterbephase abgelehnt? Wie ist der mutmaßliche Wille des Patienten oder Heimbewohners?

Zwei Beispiele:

Herr M. hat klar dargelegt – weil er schon einen Schlaganfall hatte und nur mehr mit dem Rollator gehen konnte –, dass er, falls es wieder zu einem Schlaganfall kommen sollte und er keine Chance hat zu überleben, nicht auf der Intensivstation von Geräten abhängig sein will. Wenn er wieder einen Schlaganfall erleiden sollte und nicht mehr essen kann, möchte er keine Ernährungssonde über den Magen haben. Er wünscht keine Verlängerung des Leidens und auch keine Wiederbelebung.

Herr M. erlitt wieder einen Schlaganfall, er war bewusstlos. Für diesen Fall hat er eine Krankenhauseinweisung nicht dezidiert abgelehnt, also brachte ihn die Rettung ins Spital. Wir haben versucht, eine sogenannte Lyse zu machen, sprich seinen Thrombus aufzulösen – wir ersparen Ihnen die Details. Jedenfalls, es war erfolglos. Herr M. kam nicht mehr zu Bewusstsein. Er konnte allerdings von den Maschinen entwöhnt werden und kam dann, ohne das Bewusstsein wiedererlangt zu haben, wieder zurück ins Pflegeheim. Wie von ihm festgelegt, wurde auch keine künstliche Sonde für die Ernährung gelegt. Er ist dann im Pflegeheim eingeschlafen.

Herr K., 88 Jahre, hat eine Herzschwäche und COPD Grad IV, sprich eine schwere Lungenerkrankung. Er kann nur wenige Meter allein gehen. Im Vorsorgedialog stellt sich heraus, dass er eine künstliche Wiederbelebung ablehnt und, falls sich seine Situation verschlechtern sollte, auch weder einen Schlauch für die Beatmung noch eine Krankenhauseinweisung wünscht. Dazu hat er festgelegt, dass er, falls er wieder eine Lungenentzündung bekommen sollte, was aufgrund seiner Erkrankung leicht möglich ist, keine Antibiotika haben will. Herr K. war insgesamt ein halbes Jahr im Pflegeheim. Es bekam dann hohes Fieber, war kaum ansprechbar, kurzatmig. Alles, was besprochen worden war, wurde eingehalten. Er bekam kein Antibiotikum, weil er es für den Fall einer neuerlichen Lungenentzündung unmissverständlich abgelehnt hatte. Er bekam ein Schmerzmittel, das den Atemantrieb hemmt und die Atemnot lindert. Nach zwei Tagen konnte er symptom-kontrolliert, wie wir es nennen, hinübergleiten.

Es gibt ein neues, eigentlich aus dem USA kommendes Konzept, das in Deutschland schon umgesetzt wird. Dieses sieht vor, die Behandlung im Voraus zu planen – Advance Care Planning.

Beispiel: Ein 78-jähriger Bewohner eines Pflegeheims kann wegen seiner beidseitigen Hüftgelenksarthrose nur mehr mit dem Rollator gehen. Er leidet an Bluthochdruck und leichter Herzschwäche. Er hat eine verbindliche Patientenverfügung errichtet, für den Fall, dass er sich im Endstadium seiner Erkrankung aller Wahrscheinlichkeit nach unabwendbar im Sterbeprozess und in einem Zustand dauerhafter Entscheidungsunfähigkeit befindet. Für diese Situation lehnt er Reanimation, Beatmung und künstliche Ernährung ab. Die Tochter ist als Vorsorgebevollmächtigte eingetragen.

Der Mann hat eine Lungenentzündung, er kommt ins Krankenhaus. Sein Zustand verschlechtert sich. Er wird beatmet, allerdings kommt er nicht mehr in seinen alten Zustand zurück. Die Entwöhnung von der Beatmung gestaltet sich schwierig. Der Patient bekommt eine Schwerkranken-Polyneuropathie, also eine ausgeprägte Nervenerkrankung. Bei der Frührehabilitation macht er keine Fortschritte. Die Tochter ist durch die schwierige Situation psychisch zunehmend stark belastet. Nach weiteren zwölf Monaten bittet sie um eine Therapiezieländerung, weil ihr Vater diesen Zustand niemals gewollt hätte. In einer ethischen Fallbesprechung haben wir vereinbart, die jetzt zutreffende Patientenverfügung zu berücksichtigen und die künstliche Ernährung zu beenden. Nach zwei Wochen verstirbt der Vater. Die Tochter macht sich Vorwürfe, dass er in seiner letzten Lebensphase schwerste Belastungen und Einschränkungen erdulden musste.

Wir sehen: Es ist gut, im Voraus zu planen, aber man kann nicht immer alles berücksichtigen. Oder Kleinigkeiten übersehen.

Diesen Dingen kann man mit dem Advance Care Planning vorbeugen. Advance Care Planning bezieht sich nicht nur auf die letzte Lebensphase, sondern beschreibt, wie der Mensch vorher sein Leben meistern will. Bleiben wir also beim Patienten, der die Hüftgelenksarthrose hat, rollatormobil ist (ja, so heißt das bei uns!) und an hohem Blutdruck und Herzschwäche leidet. Er hat eine große Freude, am Leben teilzunehmen, trotz Einschränkungen der Mobilität will er gern noch länger weiterleben. Sollte es jedoch, und das kann man mit ihm besprechen, zu ausgeprägten geistigen Einschränkungen kommen, würde er nicht mehr wollen, dass alles Menschenmögliche getan wird, um sein Leben zu verlängern.

Das setzt aber voraus, dass er zuvor an einer aktiven Kommunikation teilhaben, einem Gespräch folgen und ein solches auch führen kann. Er legt dabei fest, dass er, falls er beispielsweise einen Schlaganfall bekommen sollte und sich nicht mehr mitteilen könnte, keine Ernährungssonde wünscht.

Hier wird die Behandlung immer im Voraus geplant und die Tochter in alle Prozesse einbezogen. Der Patient möchte außerdem, dass ihn ein Seelsorger begleitet. Er legt fest, dass es, sollte er dement werden, eine Lungenentzündung bekommen und nicht mehr selbst entscheiden können, für ihn Zeit sei, von der Bühne abzutreten.

Das heißt, gewisse Szenarien lassen sich in jeder Krankengeschichte vorher besprechen.

Reden ist Vorsorge.

Das Prinzip des Gesprächsangebots stellt eine konsequente Weiterentwicklung und Ergänzung der Patientenverfügung dar und reflektiert nicht nur auf das Sterben, sondern auch auf die Erkrankung in unterschiedlichsten Situationen. Auf diese Weise kann man dem Willen des Patienten Folge leisten und im Notfall besser agieren. Advance Care Planning ist in Deutschland für Pflegeheimbewohner verpflichtend.

Es gibt auch ein interessantes Projekt in der Schweiz, wo die Vorausplanung der Behandlung direkt im Notfallplan hinterlegt ist, das heißt, es wird vom Notarztteam abgefragt, was die Wünsche des Patienten sind. Dementsprechend kann man dann vor Ort agieren. Beim Advance Care Planning ist der Patient der Experte für sein Wohl. Er wird in die Entscheidungen nicht nur miteinbezogen, er trifft sie.

Der Arzt geht mit dem Patienten nur gewisse Konzepte durch, spricht zum Beispiel einen Schlaganfall an. Geht es um eine komplette Wiederherstellung, um eine teilweise Wiederherstellung, und wann sollen die Maschinen abgeschaltet werden? Der Patient entscheidet sich klar und im Voraus.

Um diese Dinge umzusetzen, braucht es in der Medizin einen Kultur- und Strukturwandel.

Vor gar nicht allzu langer Zeit ist ein Kollege von uns gestorben, mit 61 Jahren. Wir erstellten dahingehend eine Patientenverfügung, dass er intensivmedizinische Maßnahmen flächendeckend ablehnte. Er wollte keine Intubation, also keine künstliche Beatmung, keine Wiederbelebung, falls ein Nierenversagen auftreten sollte, nur eine einmalige Dialyse. Er hatte ein chronisches Nierenversagen, Schrumpfnieren beidseits nennen wir das, war mehrmals transplantiert, Niere, Bauchspeicheldrüse. Er hatte dazu einen gutartigen Hirntumor. Das Schicksal machte es ihm nicht leicht.

Er konnte seinen Beruf im Krankenhaus nicht mehr ausüben. Er kam in ein Pflegeheim und dort sprachen wir darüber, was zu tun sei, wenn es dem Ende zuging. Man spürte bei ihm eine große Erleichterung beim Aufsetzen seiner Patientenverfügung. Als Arzt wusste er genau, was auf ihn zukam und was er nicht wollte. Es war ihm wichtig, die Ängste anzusprechen, über das Sterben zu reden; er hatte keine Angst vorm Sterben.

Im letzten Jahr war er wiederholt im Krankenhaus, öfter auf der Intensivstation, immer wurde sein Wille respektiert. Wir haben mit ihm einen Palliativ-Notfall-Bogen ausgefüllt, falls er wieder in ein Heim kommen sollte. Die Angehörigen wurden über die Patientenverfügung informiert. Er wollte nicht mehr auf die Intensivstation. Die Zeit lief ab.

Wichtig ist ein solcher Palliativ-Notfall-Bogen für Menschen, die in ein Heim kommen. Damit sie nicht plötzlich mit dem Hubschrauber abgeholt werden oder mit dem Notarztwagen ins Krankenhaus kommen, sollten sie ein schweres Organversagen haben oder intensivmedizinisch betreut werden müssen. In diesem Palliativ-Notfall-Bogen wird genau festgehalten, wie die Wünsche des Patienten lauten; diese werden dem Heim, dem mobilen Palliativteam und dem Hausarzt mitgeteilt.

Unser Kollege kam auf die Palliativstation. Er war ansprechbar, sein Kreislauf stabil. Er war glücklich, dass er hier seinen Lebensabend verbringen konnte. Zwischenzeitlich war er zurück in das Pflegeheim gekommen, kam aber sehr bald wieder zurück. Sein Allgemeinzustand hatte sich deutlich verschlechtert, er wirkte ängstlich, unruhig, hatte aber keine Schmerzen. Dann versagten seine Nieren und er tat seinen letzten Atemzug.

Da wir viele gemeinsame berufliche Erlebnisse hatten, schon während des Studiums, waren wir ihm menschlich verbunden. Sein Tod ging uns persönlich nahe. Man funktioniert als Arzt, aber es gibt auch die menschliche Ebene, wo man dann nach Hause geht und über diese Bilder nachdenkt. Er war kein einfacher Kollege gewesen, das nicht, aber immer ein offenherziger Mensch, der alles direkt angesprochen hat, und er ist auch keinem Konflikt aus dem Weg gegangen. Er hat die Dinge immer mit einer gewissen Ruhe und Gelassenheit auf sich zukommen lassen. Es war ihm wichtig, alles anzusprechen. Interessant war, dass wir zwei Tage später zu einem Schmerzkonsil gerufen wurden. Sein Chef hatte sich bei einem Skiunfall das Becken gebrochen. Genauer gesagt, hat er sich das Becken am selben Tag gebrochen, an dem der Kollege gestorben war, mit dem er sich zuerst gut verstanden, den er dann aber von seiner Abteilung entlassen hatte. Hier kann man natürlich sagen: Schicksal. Gibt es etwas Übergeordnetes? Gibt es etwas, das uns lenkt? Oder ist es nur ein Zufall, dass sich der Chef, der ihm zum Schluss negativ gesonnen war, zur gleichen Zeit beim Skifahren das Becken brach, als der Kollege, der über Jahrzehnte bei ihm angestellt gewesen war, starb?

»Gerlinde, der Berg ruft!«

Sie ist eine der erfolgreichsten Bergsteigerinnen der Welt. Gerlinde Kaltenbrunner, 52. Mit dem Erreichen des Gipfels des K2 am 23. August 2011 ist sie die dritte Frau, die alle vierzehn Achttausender bestiegen hat, und die erste, der das ohne mitgeführten Sauerstoff gelang. Heute lebt sie mit ihrem neuen Partner, einem Yogalehrer, am Attersee. Für dieses Buch nahm sie sich Zeit, um nachzudenken. Setzen wir uns kurz zusammen und reden, okay?

In Bergsteigerkreisen spricht man nicht so direkt vom Tod und vom Sterben. Warum ist für manchen passionierten Bergsteiger das Bewusstsein großer Todesnähe ein fast unverzichtbares Lebenselixier?

GK: In unserem Team gehört ein Gespräch über das Worst-Case-Szenario immer mit dazu. Was ist zu tun, sollte ein tödlicher Unfall geschehen? Dieses Gespräch schließen wir immer ab mit den Worten: Oberste Priorität hat die gesunde Rückkehr und nicht das Erreichen des höchsten Punktes. Sich in höchster Schwierigkeit und Ausgesetztheit zu bewegen, lehrt uns, vollkommen konzentriert und gleichzeitig präsent zu sein.

Der schwedische Extrem-Skifahrer Fredrik Ericsson ist während des Aufstiegs auf den K2, den zweithöchsten Berg der Welt, vor Ihren Augen abgerutscht und mehr als tausend Meter in den Tod gestürzt. Sie kehrten wieder ins Lager zurück. Warum?

GK: Das Schlimmste war eingetreten, ein Freund stürzt tödlich ab. Für mich stand außer Frage, ins Basislager abzusteigen. Fredriks Tod hatte mich zutiefst getroffen, ein Weitersteigen in solchen oder ähnlichen Situationen wäre und ist für mich undenkbar.

In welcher Höhe beginnt die Todeszone?

GK: Ab 7.500 Meter. Ein Überleben ist nur rund 48 Stunden möglich. Selbst durfte ich andere Erfahrungen machen. So zum Beispiel waren meine drei Teamkollegen und ich am K2-Nordpfeiler mehr als 72 Stunden auf über 8.000 Meter. Viel trinken und in Bewegung bleiben ist aus meiner Erfahrung heraus unabdingbar, um die Blutzirkulation aufrechtzuerhalten.

Gibt es Gedenkstätten in 8.000 Meter Höhe?

GK: Ja, für verstorbene Bergsteiger gibt es welche, zum Beispiel in der Nähe des K2-Basis-Camps oder am Weg ins Mount-Everest-Basislager.

Glauben Sie an ein Leben nach dem Tod?

GK: Es steht für mich außer Frage, dass ich meinen Körper für eine bestimmte Zeit bewohnen darf und es danach in einer anderen Form, die für mich nicht greifbar ist, weitergeht. Elisabeth Kübler-Ross beschreibt das mit: »Der Tod ist der Umzug in ein schöneres Haus.« Mit dieser Vorstellung gehe ich in Resonanz und kann aus heutiger Sicht mit Gewissheit sagen, keine Angst vor der Seinsveränderung zu haben.

Was bedeutet für Sie ein erfülltes Leben?

GK: Das jeweilige individuelle Ziel mit Begeisterung zu verfolgen und das Anliegen hinter dem Ziel bewusst zu haben, nämlich etwas Gutes zu bewirken. Beim Bergsteigen, auch an den höchsten Bergen, erfahre ich tiefe Freude und Verbundenheit und dadurch erhielt ich die Möglichkeit, Vorträge zu halten und andere Menschen zu inspirieren. Ich durfte auch Schulprojekte in Nepal mitgestalten.

Was wäre für Sie die schlimmste Todesursache, welche die beste?

GK: Am schlimmsten wäre für mich, an einer Zivilisationskrankheit zu sterben. Deshalb richte ich mein Leben so aus, das möglichst zu vermeiden. Das haben wir größtenteils selbst in der Hand.

Nach Reinhold Messners Definition ist das Bergsteigen eigentlich sinnlos und eine unnütze Tätigkeit. Was meint er damit?

GK: Das kann ich leider nicht beantworten. Mich selbst haben die Berge sehr vieles gelehrt, wundervolle und auch sehr bewegende Momente erfahren lassen und mich letztlich auf meinen, sicher auch spirituellen, Weg gebracht.

2007 am Dhaulagiri (8.167 Meter): Um weniger mittragen zu müssen, hatte ein spanischer Bergsteiger angeboten, das Zelt zu teilen. Eine innere Stimme riet Ihnen jedoch, das eigene mitzunehmen. Sie biwakierten auf 6.400 Metern, in der Nacht stürmte es. Am Morgen hatten Sie gerade einen Becher heißes Wasser getrunken, als Sie in Ihrem Zelt von einer Lawine mitgerissen wurden. Sie blieben unversehrt und konnte sich befreien. Für zwei der Spanier, die ihr Zelt zwei Wochen zuvor direkt neben Ihrem aufgeschlagen hatten, gab es keine Rettung, sie wurden von den Schneemaßen erdrückt. Was ging Ihnen da durch den Kopf?

GK: Da war nur der Gedanke – eine Lawine und gleich kommt der Felsabbruch, über den es fast tausend Meter in die Tiefe geht. Als ich mein Zelt aufschlitzte, überkam mich tiefe Angst, jetzt ersticken zu müssen. Ich konnte mich jedoch befreien.

Drei Versuche, den K2 zu erklimmen. Dreimal gescheitert. Wie gehen Sie mit Niederlagen um?

GK: Immer wenn ich gemeinsam mit meinen Teamkollegen wieder gesund ins Basislager zurückkomme, ist es für mich eine erfolgreiche Expedition, denn oberstes Ziel ist die gesunde Rückkehr. Geschehnisse, die ich nicht mehr ändern kann, nehme ich an und akzeptiere sie. Alles andere würde mich nur Energie kosten und nichts verändern. Rückblickend waren unterschiedliche Rückschläge für mich immer sehr lehrreich.

Wie oft sind Sie vor dem Gipfel schon umgedreht?

GK: Allein an den Achttausendern schon viele Male und auch in den heimischen Bergen drehte ich öfter vor dem Gipfel um, weil die Bedingungen für mich nicht mehr stimmig waren.

Träumen Sie im Biwak, auf dem Berg?

GK: Ganz unterschiedlich, manchmal sehr intensiv, manchmal kann ich mich nicht erinnern.

Nehmen Sie ein Buch mit?

GK: Im Basislager habe ich verschiedene Bücher mit dabei. Am Berg selbst packe ich nur das Notwendigste in den Rucksack, da wäre ein Buch definitiv zu schwer.

Welche Vorteile haben Sie beim Bergsteigen als ausgebildete Krankenschwester?

GK: Unter anderem hatte ich aufgrund meiner Erfahrungen als Krankenschwester schon mehrmals die Möglichkeit, mehreren Bergsteigern und auch Einheimischen in Nepal und Pakistan bei körperlichen Problemen behilflich zu sein.

Für eine Dokumentations-Reihe waren Sie in Bhutan. Die heiligen Berge dürfen nicht bestiegen werden. Gibt es dort Tourismus?

GK: Vereinzelt sind Trekkinggruppen unterwegs und vermehrt Kulturreisende. Einen Bergtourismus, wie wir ihn von Nepal kennen, gibt es dort nicht.

Als Jugendliche nahm der Pfarrer von Spital am Pyhrn Sie auf viele Bergtouren mit. Haben Sie noch Kontakt zu ihm?

GK: Bis zu seinem Tod im April 2018 regelmäßig.

Glauben Sie an Gott, an eine höhere Macht?

GK: Ich bin zutiefst überzeugt, dass es eine höhere Kraft gibt, die wir nicht erfassen können. Man kann sie Gott, Universum, höchstes Selbst oder sonst irgendwie nennen, das spielt keine Rolle.

Beten Sie?

GK: Ja, ich führe Zwiegespräche mit dem Höchsten.

Mit acht Jahren haben Sie den Großen Pyhrgas (2.244 m) bestiegen. Mit 16, nach einem Vortrag zum K2, erwachte Ihr Wunsch, Höhenbergsteigerin zu werden. Was haben die Eltern gesagt?

GK: Wirklich begreifen konnten sie es zunächst nicht, obwohl meine Eltern sehr naturverbunden sind. Beide haben mein Unterwegssein akzeptiert und vor allem gespürt, wie sehr es mich erfüllt.

Inwieweit traf Sie die Corona-Krise? Wird man nachdenklicher? Ordnen sich Wertigkeiten neu?

GK: Die Regierungsmaßnahmen haben meine berufliche Vortragstätigkeit über ein Jahr fast zur Gänze zum Erliegen gebracht. Meine Werte: Naturverbundenheit, Ernährung, die mir guttut und mein Immunsystem stärkt, Bewegung, Glaube an einen höheren Sinn, meinen Körper gesund zu erhalten und andere – soweit möglich – zu inspirieren. All das ist mir nach wie vor sehr wichtig.

Wie schwierig fällt es Ihnen, sich unterwegs vegan zu ernähren?

GK: Das fällt mir sehr leicht, weil ich keine großen Ansprüche stelle. Vor allem in den asiatischen Ländern gibt es in erster Linie rein pflanzliche Nahrung. Viel Gemüse, Kartoffeln, Reis, Linsengerichte, Obst. Schwieriger ist es, immer rein biologische Lebensmittel zu bekommen. Ich nehme mir oft zusätzlich von zu Hause etwas mit.

Welche Tiere haben Sie am Berg gesehen, den Yeti?

GK: Der ist mir noch nie begegnet. Unterschiedlichste Vogelarten, Schmetterlinge und Spinnen. Blauschafe und Schneehühner.

Monatelang in Einsamkeit und Abgeschiedenheit unterwegs. Schwierig, wieder zu Hause zu sein?

GK: Nach meist zweimonatiger Reduziertheit auf ein Minimum war es anfangs immer eine große Umstellung, wieder in unsere Normalwelt zurückzukehren, umgeben von Luxus und Überfluss.

Gibt es ein Ritual, das Sie vor dem ersten Schritt durchführen?

GK: An den Achttausendern gibt es immer ein Ritual, bevor wir das erste Mal aufsteigen. Eine Puja wird zelebriert, das bedeutet Verehrung oder Ehrerweisung und kommt aus dem Hinduismus. Jeder ist bei der Puja dabei, egal welcher Religion oder Herkunft er ist.

Kann man Ruhe bewahren lernen?

GK: Auf jeden Fall! Nicht dadurch, dass man es anstrebt, sondern es ist die Nebenwirkung der Selbstbeobachtung, der Reflexion, des regelmäßigen Stillsitzens in der Meditation, der über viele Stunden aufrechterhaltenen Konzentration, der Ernährung und des Vertrauens ins Höchste. Durch all das konnte und kann ich auch in sehr schwierigen Situationen ruhig bleiben.

Wie kamen Sie mit dem Rummel nach dem Gipfelerfolg am K2 im August 2011, Ihrem 14. Achttausender, zurecht?

GK: Über die Wertschätzung habe ich mich sehr gefreut und bin nach wie vor sehr dankbar dafür. Gleichzeitig war es so, dass ich zwar körperlich anwesend war, mein Geist und meine Seele aber noch weit weg waren. Sehr bald kam der Wunsch nach dem Berg und der damit verbundenen Ruhe, Abgeschiedenheit und Reduziertheit wieder auf.

Ihr letzter Urlaub am Meer?

GK: In Verbindung mit Klettern im Herbst 2020.

Was waren die wichtigsten Erkenntnisse, die Sie über die Jahre gewonnen haben?

GK: Dinge, die ich nicht rückgängig machen kann, anzunehmen und den Blick wieder nach vorne zu richten. In ausweglosen Situationen Ruhe zu bewahren. Mir bewusst zu machen, dass Angst und Sorgen Energie kosten und die Situation verschlimmern, speziell auf den ganz hohen Bergen. Auf das Positive zu fokussieren. Die Wahl zu haben, selbst zu entscheiden, worauf ich meinen Fokus lege – eben nicht auf die Angst, sondern auf das Positive. Zu erkennen, dass, wenn jemand wütend, unfreundlich oder aggressiv ist, es diesem Menschen gerade nicht gut geht und ich dieser Person gegenüber eine mitfühlende Haltung einnehmen kann anstelle von Ablehnung und Abwehr und ich so viel Spannung rausnehmen kann.

Welchen Fehler würden Sie nie wieder machen?

GK: Meine Fehler waren allesamt wichtig, um mich weiterzuentwickeln. Wäre immer alles glattgelaufen und hätte ich immer alles ganz richtig gemacht, wäre ich vielleicht nicht so sehr in die Selbstreflexion und Selbstbeobachtung gegangen.

Was bedeutet Glück für Sie?

GK: Jeden Morgen aufgewacht zu sein und dieses Leben führen zu dürfen. Zugang zu reinem Trinkwasser und Lebensmittel zu haben, ohne verfolgt zu werden. Anderen Menschen, die nicht so auf der Sonnenseite des Lebens zu Hause sind, helfen zu dürfen. Mich mit meiner Selbstentwicklung auseinandersetzen und tiefgreifende Momente und Augenblicke erleben zu dürfen.

Sterbehilfe – Mord oder Mildtätigkeit?

Als er noch reden konnte, hatte er seine Lebensgefährtin mit wässrigen Augen angesehen, zitternd ihre Hand gehalten und mit brüchiger Stimme angefleht: »Hasi, hilf mir, erlöse mich, ich will würdig sterben.«

Willi lag da, mehr tot als lebendig. Die Farbe war aus seinem Gesicht, seiner ganzen Haut gewichen, als wäre die Lebensenergie schon aus ihm herausgeflossen. Ein 70-jähriger Mann, gezeichnet von einer schweren Herzkrankheit, einer Operation, COPD und zwei Nierentransplantationen.

Die 55-jährige Frau saß in einem Wiener Krankenhaus bei ihm und wartete auf ein Wunder, aber es stellte sich nicht ein. Tag um Tag sah sie ihren Freund an, mit dem sie wichtige Lebenszeit verbracht hatte und der jetzt dalag, leichengrau, eingefallen, nicht ansprechbar.

Sie kannten sich seit sieben Jahren. Der Mann war schon damals gesundheitlich angeschlagen. Saß im Rollstuhl. Aber irgendwie ging es immer weiter. Mit guten Gedanken und dem Willen weiterzumachen.

Jetzt erinnerte sie sich an das Versprechen. So sollte es nicht enden, genau so nicht.

»Hasi, hilf mir, erlöse mich, ich will würdig sterben.«

Vier Tage später war den Ärzten klar, dass der Mann nur noch wenige Stunden zu leben hatte. Die Mediziner beschlossen, im Falle eines Kreislaufstillstands keine Reanimation mehr durchzuführen. Sie riefen die Lebensgefährtin an. Auf dem Weg ins Krankenhaus griff die Frau immer wieder zur Flasche. Der Wodka legte einen Schleier über die Welt.

Auf der Intensivstation sprachen die Ärzte mit ihr. Die Lage war aussichtslos. Die Frau griff wieder zum Wodka, setzte an und machte einen großen Schluck. Sie schrie auf der Station: »Willi, bitte kämpf um dein Leben, komm zurück, ich und deine Katzen brauchen dich!«

Die Frau sah ihren Willi an. Er war ganz kalt und gelb im Gesicht. Eine Ärztin versuchte sie zu beruhigen und sprach mit ihr über den Sterbeprozess. Als der Pfleger gegen 17 Uhr aus dem Zimmer ging, war die Frau für zehn Minuten mit ihrem Lebensgefährten allein.

Sie hatte das Gefühl, dass er röchelte. Beugte sich über ihn, ja, es ging ihm sehr, sehr schlecht.

»Das ist mein letzter Liebesdienst an dir«, sagte sie und küsste ihn ein letztes Mal. Dann zog sie mit einem Ruck die lebenserhaltenden Geräte aus ihm heraus. Die Magensonde, die Beatmungskanüle und den zentralen Dialysekatheter. Man braucht viel Kraft, um so etwas zu bewerkstelligen. Der Katheter war zweimal an der Haut festgenäht.

Plötzlich ertönte aus dem Zimmer der Alarm der Beatmungsmaschine, an die der 70-Jährige angeschlossen war. Als das medizinische Personal ins Zimmer rannte, hielt die Frau den Sterbenden im Arm, in der anderen Hand den Dialysekatheter, der am Hals des Mannes befestigt war.

Die Frau war über und über mit Blut besudelt. Während die Ärzte sich um den Sterbenden kümmerten, verließ die Frau das Krankenhaus mit apathischem Blick, nahm sich ein Taxi und fuhr nach Hause. Am Abend wurde sie festgenommen.

Die Frau wurde zu drei Jahren Haft verurteilt, ein Jahr davon unbedingt. Die Geschworenen stimmten für Mord.

Es war der 26. Jänner 2021. Bereits im Jahr zuvor hatte die 55-Jährige eine teilbedingte Haftstrafe wegen Mordes in der gleichen Höhe erhalten. Der Oberste Gerichtshof hob das

Urteil allerdings auf und ordnete eine Neuaufnahme des Verfahrens an, weil sich das Erstgericht nicht mit der Frage in Richtung Totschlag befasst habe.

Der Ankläger war sicher: Die Frau wird keinen Tag im Gefängnis verbringen. Die unbescholtene Frau wäre eine klassische Fußfessel-Kandidatin: Wenn die zu verbüßende Strafzeit zwölf Monate nicht übersteigt, kann man einen Antrag auf Hausarrest stellen.

Die Angeklagte sagte, sie konnte den Anblick von Willi nicht mehr ertragen. Ihn nicht so leiden sehen. Es sei furchtbar gewesen.

Auch wenn der Mann im Sterben lag und nicht mehr ansprechbar war, habe die Handlung der Beschuldigten den Tod früher herbeigeführt, als er sonst eingetreten wäre, sagte der Staatsanwalt. Von Sterbehilfe könne keine Rede sein, dafür müsse der Mann den konkreten Willen äußern, wann, wo und wie es passieren sollte. Ohne Fremdeinwirkung. Er muss es selbst tun.

Eine Generalvollmacht – bring mich um, wann du willst – gibt es nicht.

Es gibt in Österreich Sterbebegleitung, um einem Menschen ein Ende in Würde zu ermöglichen. Man stelle sich vor, der Mann habe die Wahl, schmerzfrei auf die andere Seite hinüberzuschlafen oder man zieht ihm den Beatmungsschlauch aus dem Hals und reißt ihm den angenähten Katheter ab, dass das Blut nur so spritzt.

Wir dürfen an dieser Stelle noch anmerken, dass Primarius Dr. Rudolf Likar, einer der Autoren dieses Buches, in dem Prozess als Gerichtsgutachter ausgesagt hat.

Falsch verstandene Sterbehilfe. Verzweiflung. Der Wodka. Alles egal, die Frau nahm die Strafe an.

Die juristische Seite des Sterbens und Helfens war bislang klar definiert und wird jetzt reformiert, demnach auch politisch heiß diskutiert.

Nach österreichischem Recht ist der Arzt nicht verpflichtet, in einen bereits natürlich begonnenen Sterbeprozess eines Patienten durch lebensverlängernde Maßnahmen einzugreifen, sofern der Verlauf der Krankheit eine weitere Behandlung nicht sinnvoll erscheinen lässt.

Durch dieses rechtlich und ethisch gebotene Erlauben eines natürlichen Todes soll verhindert werden, dass bei sterbenden Patienten durch etwaige sinnlose medizinische Maßnahmen (Medikamente, chirurgische Eingriffe, Magensonden etc.) deren Leben in einer aussichtslosen Situation verlängert und damit das Sterben hinausgezögert wird.

Da es hier auf die medizinische Indikation ankommt, spielt der (ausdrückliche und mutmaßliche) Patientenwille keine Rolle. Der Wunsch des Patienten wäre ein zusätzlicher Grund, keine medizinischen Maßnahmen zu ergreifen. Weil als Ausdruck der Patientenautonomie niemand zu einer medizinischen Maßnahme gezwungen werden darf, steht der Tod als Folge einer vom Sterbewilligen abgelehnten Behandlung von vornherein außerhalb strafrechtlicher Verfolgung.

Lebenserhaltende Maßnahmen nicht einzuleiten oder abzubrechen, führt nicht zum Vorwurf einer unterlassenen Hilfeleistung. Wenn es der Patient ablehnt. Eine optimale Palliativbehandlung sieht vor, dafür Sorge zu tragen, dass der Patient gut atmen kann und nicht von Angst getrieben ist. Leidet er außerdem nicht an Übelkeit und hat er keine Schmerzen, kann sich dadurch sein Leben verlängern, vor allem die Lebensqualität.

Um sich als behandelnder Arzt nicht der Gefahr eines

strafrechtlichen Ermittlungsverfahrens wegen eines Tötungsdelikts aussetzen zu müssen, gilt eine strenge Orientierung an medizinischen Standards. Wenn möglich, sollte man Entscheidungen zur Therapiezieländerung immer im Team treffen, wo sie einem breiten Konsens unterliegen. Und natürlich muss alles schriftlich dokumentiert sein.

Aktuell geht es um die Liberalisierung der Sterbehilfe. Eine große Mehrheit der Bevölkerung ist für einen freieren Umgang. Acht von zehn Österreichern finden das jüngste Urteil des Verfassungsgerichtshofs zum assistierten Suizid (genannt auch: Selbsttötung, selbstbestimmtes Sterben) gut.

Der Entscheid führt dazu, dass ab 1. Jänner 2022 die Beihilfe zum Selbstmord generell erlaubt ist. Rund ein Viertel der Österreicher meint sogar, dass *aktive* Sterbehilfe erlaubt sein sollte.

61 Prozent begrüßen jedenfalls, dass diese Beihilfe zum Suizid in Österreich nicht mehr strafbar ist. Die generelle Meinung, wer mit der Umsetzung dieser heiklen Aufgabe betraut sein sollte, zeigte deutlich: 71 Prozent aller Befragten sprachen sich für einen Arzt oder eine Ärztin aus. 33 Prozent waren dafür, dass auch Angehörige das Sterben unterstützen sollen. 16 Prozent bezogen gesetzliche Vertreter mit ein, 13 Prozent Freunde, 12 Prozent eine staatliche Stelle oder Pflegerinnen und nur 4 Prozent waren der Meinung, jeder sollte Beihilfe zum Suizid ausüben können.

Was die Methode betrifft, sprachen sich drei Viertel für die Beschaffung gesetzlich vorgegebener letaler Präparate aus, etwa Pentobarbital. Eine psychologische Unterstützung soll für denjenigen, der Beihilfe leistet, verpflichtend sein, meinen 72 Prozent.

Das Urteil beschäftigt auch die Bundesregierung. Das Justizministerium hat Ende April 2021 Vertreter verschiedener

Organisationen und medizinischer Fachgesellschaften zu einem digitalen Dialogforum geladen. Und zwar aus allen Bereichen: Ärztekammer, Religionsgemeinschaften, Hilfsorganisationen, Pflegeeinrichtungen, Universitäten, dazu noch den Verfassungsdienst und das Sozialministerium. Mit dabei war auch einer der Autoren dieses Buches, Professor Rudolf Likar.

Ziel war es, herauszufinden, wo welche rechtlichen Anpassungen vorgenommen werden sollen. Vor allem Kirchenvertreter wie die katholische Bischofskonferenz kritisierten das Urteil scharf.

Das Erkenntnis des Verfassungsgerichtshofs, dass das Verbot der Suizidbeihilfe verfassungswidrig ist, stellt die Autonomie des Einzelnen in den Vordergrund. Jeder hat das Recht auf Selbstgestaltung seines Lebens, das Recht, sein Leben in Würde zu beenden. Der Gesetzgeber ist gefordert, bis Ende des Jahres 2021 ein dementsprechendes Maßnahmenpaket rund um dieses Gerichtsurteil zu schnüren.

In Österreich nehmen sich jedes Jahr rund 1.100 Menschen das Leben. In der Schweiz sind es 1.000, in Deutschland 11.000. In den Medien wird das nicht kommuniziert, darüber gibt es einen Konsens unter Journalisten. Man möchte nicht depressive Menschen durch die Berichterstattung auf die Idee bringen, Selbstmord zu begehen, heißt es. Der Boulevard sei gefährlich, vor allem, wenn in diesen Blättern auf der Titelseite jemand gezeigt wird, der sich gerade das Leben genommen hat.

Das Suizidrisiko ist in der Altersgruppe der 75- bis 79-Jährigen fast zweieinhalbmal, in der Altersgruppe der 85- bis 89-Jährigen fast fünfmal so hoch wie jenes der Durchschnittsbevölkerung.

Die meisten Menschen erhängen sich (45 Prozent), zwei von zehn erschießen sich, zehn Prozent stürzen sich in die Tiefe oder nehmen Gift. In Deutschland werfen sich jedes Jahr 800 Menschen vor einen Zug. Einer von zehn Selbstmordversuchen misslingt. Die Folgen sind fatal: Wachkoma, Querschnittslähmung oder ein zertrümmerter Kiefer.

Es gibt gemeinnützige Vereine, die assistierten Suizid ermöglichen. Der bekannteste, *Exit* in der Schweiz, hat seit 1984 135.000 Mitglieder. 2017 begleitete der Verein 734 Menschen in den Tod, die Konkurrenzvereinigungen *Dignitas* 222 und *Eternal Spirit* 73. Über den Daumen gepeilt kann man sagen, dass bei den Eidgenossen rund drei Menschen am Tag durch Freitodbegleitung ihr Ende finden.

Voraussetzungen sind, dass man urteils- und einsichtsfähig, der Sterbewunsch konstant und nicht kurzfristig, die Krankheit unheilbar, das Leid unerträglich und der Mensch autonom ist.

Im sensationellen Buch von Ferdinand von Schirach mit dem Titel *Gott* werden alle Argumente dafür und dagegen in einer fiktiven Tagung des Deutschen Ethikrates besprochen. Anlass: Ein gewisser Herr Gärtner, 78, möchte Pentobarbital vom Hausarzt verschrieben bekommen, um sich damit zu töten. Er hat vor drei Jahren seine Gattin verloren und möchte sterben. Zwei unabhängige Gutachten erklären ihn für gesund. Der Fall wird wie ein Prozess verhandelt, die Meinungen verschiedener Seiten gehört und am Ende erfolgt eine Abstimmung. Durch den Leser. Das Buch wurde auch verfilmt.

Die juristische Argumentation: Das Recht, sich zu töten, ist ein Freiheitsrecht des Menschen. Es gibt keine Rechtspflicht zu leben. Es muss einen rechtlichen Anspruch auf die Verordnung eines Medikaments geben, das jemanden umbringen kann. Diese Frage ist derzeit jedoch noch nicht gelöst. Die Aussage, dass das Leben eines Menschen an oberster Stelle in der Werteordnung des Grundgesetzes steht, ist falsch. Es ist die Menschenwürde.

Die medizinische Argumentation: Ärzte stützen sich auf die Berufsethik. 62 Prozent der Ärzte in Deutschland lehnen assistierten Suizid ab. Es geht dabei vorwiegend um den Vertrauensverlust, wenn der Arzt dem Tod dient. Ärzte sollen Hilfe beim und im Sterben leisten, nicht zum Sterben. Allerdings müssen lebenserhaltende Maßnahmen beendet werden, wenn der Patient das wünscht – oder in einer Vorausschau so festgelegt hat. Arztsein ist kein Gewerbe, sondern eine Berufung. Eine Verpflichtung zur Beihilfe zum assistierten Suizid kann es nicht geben.

Die kirchliche Argumentation: Suizid wird im Christentum, Judentum und Islam abgelehnt. Die katholische Position sieht vor: Der Selbstmord stellt eine Zurückweisung der absoluten Souveränität Gottes über Leben und Tod dar, wie Johannes Paul II. das 1995 in seiner Enzyklika *Evangelium Vitae* schrieb. Leben ist ein Geschenk Gottes, Leben ist Leiden und Reinigung. Auflehnung gegen das Leiden ist auch eine Auflehnung gegen den Sinn des Lebens, der im Tragen des eigenen Kreuzes besteht. Echte Freiheit ist das Sich-Einfügen in den Willen Gottes. Leben ist Gnade Gottes. Es ist uns geschenkt. Dieses Geschenk bedeutet aber auch Verantwortung. Die Hilfe zum Sterben ist nur in ganz bestimmten Fällen mit dem Christentum vereinbar.

Die ethische Argumentation: »Dass der Mensch, nur der Mensch sich das Leben nehmen kann in hellem, reinem Entschluss, ohne Trübung durch Affekt, vielmehr sich selber treu, darin liegt seine Würde.« So formulierte es Karl Jaspers. Der

Ethiker Hartmut Kreß ergänzte: »Das Leben ist wertzuschätzen und zu erhalten, da es dem einzelnen Menschen personelle Perspektiven und die Möglichkeit der Sinnfindung gibt. Dennoch kann ein Mensch in Grenzsituationen Gründe dafür haben, den Suizid in Betracht zu ziehen.« Bettina Schöne-Seifert von der Universität Münster sagte: »Der Satz ›Menschen sollen gott- oder schicksalsergeben auf den Tag des natürlichen Todes warten‹ ist durch den Gottbezug und seine Unstimmigkeit untauglich für eine allgemeinverbindliche weltliche Ethik. Suizid als sitten- oder rechtswidrig zu halten, begründet eine Lebenspflicht, die es aber nicht gibt.«

Die gesellschaftliche Argumentation: Der Mensch ist auf die Liebe und den Schutz der Gemeinschaft angewiesen. Alte, Kranke und Schwache müssen sich auf diesen Schutz verlassen können. Das Recht auf assistierten Suizid darf nicht zur Pflicht werden.

Ein Suizid belastet im Schnitt sechs weitere Menschen, 30 Prozent von ihnen entwickeln psychische Störungen.

Die große Frage lautet: Was ist würdevolles Sterben? Unterstützt die Hilfe zum Suizid die Autonomie und Würde eines Menschen? Oder ändert sie unsere Vorstellung vom Sterben? Was ist die Alternative zum assistierten Suizid? Gibt es ausreichenden Zugang zum Palliativgespräch, zur psychosozialen Beratung? Ist der nächste Schritt die Ermöglichung der Tötung auf Verlangen? Darf der Arzt dem Tod dienen? Dürfen, können oder müssen wir den Sterbewunsch eines Menschen akzeptieren?

Im Römischen Reich galt die Selbsttötung als natürliches Recht. Der Philosoph Seneca sagte im Jahr 62 nach Christus: »Gefällt's dir zu leben, so lebe! Gefällt's dir nicht, so kannst du wieder hingehen, woher du gekommen bist.« Die Bibel erzählt interessanterweise von zehn Selbstmorden. Ein Verbot wird nicht erwähnt. Thomas von Aquin sagte 1200 n. Chr.: »Selbstmord ist unnatürlich, da Gottes Wesen sich von Natur aus selbst lieben. Selbstmord ist eine Sünde gegen die Gemeinschaft.«

Wir Ärzte vertreten folgende Meinung: Die Erkenntnis des Verfassungsgerichtshofs, dass das Verbot der Suizidbeihilfe verfassungswidrig ist, stellt die Autonomie in den Vordergrund. Man hat ein Recht auf Selbstgestaltung des Lebens, ein Recht, das Leben in Würde zu beenden. Aus medizinischer Sicht erwarten wir uns vom Staat, dass er das Korsett hier genauso eng schnürt wie in der Pandemie, dass die Menschen, die eventuell unter Druck geraten könnten, weil sie verwundbar sind, nicht erklären müssen, warum sie noch leben und warum sie nicht vielleicht doch »ihr Leben in Würde beenden« möchten.

Es gehören dann eben auch diese vulnerablen Gruppen geschützt. Sind es die kranken Menschen mit begrenzter Lebenserwartung? Ab wann hat der Mensch ein Anrecht? Betrifft es nur die Volljährigen? Was heißt begrenzte Lebenserwartung? Wie kommt die Entscheidung zustande? In welchem Zeitfenster muss die Entscheidung geprüft werden? Welches Gremium prüft diese Entscheidungen?

Der Verfassungsgerichtshof argumentiert, das Recht umfasse nicht nur das Recht auf Selbstgestaltung des Lebens, sondern auch auf menschenwürdiges Sterben. Wer definiert menschenwürdiges Sterben? Warum wurde Sterben zu einer medizinischen Diagnose gemacht? Menschen können auch in Ruhe einschlafen, wenn ihre Zeit gekommen ist. Wenn sie unter keinen Beschwerden leiden, können sie friedlich gehen. Warum sollte menschenwürdiges Sterben nur durch die Hand eines Menschen und nicht *an* der Hand eines Menschen – wie schon Kardinal König gesagt hat – möglich sein?

Wir sollten in der Medizin alles tun und die Hand ausstrecken, um den Menschen aufzufangen im Netz der Geborgenheit, im Netz der Solidarität und Verbundenheit, im Netz der menschlichen Wärme statt mithilfe einer todbringenden Substanz, die nur menschliche Kälte verursacht.

Die österreichische Palliativgesellschaft hat dazu vier Punkte als Forderung formuliert:

– Assistierter Suizid darf nicht geschäftsmäßig angeboten werden. Ein Verbot kommerzieller Anbieter, welcher Rechtsform auch immer, ist ein wichtiger Schutz.
– Ein- und Ausschlusskriterien für den Zugang zum assistierten Suizid müssen klar und unmissverständlich formuliert werden, um Missbrauch zu verhindern, wie dies ja auch der VfGH betont. Ausgeschlossen werden sollte der assistierte Suizid jedenfalls bei Minderjährigen, bei Menschen ohne fortschreitende und unheilbare Erkrankungen sowie bei Menschen mit eingeschränkter Urteils- und Entscheidungsfähigkeit.
– Menschen, die assistierten Suizid in Anspruch nehmen möchten, muss auch der Zugang zu einem Palliativgespräch ermöglicht werden.
– Die Rolle von Ärztinnen und Ärzten sowie Angehörigen anderer Gesundheitsberufe ist präzise zu definieren: Die Behandlung und Betreuung Schwerkranker und die Begleitung des assistierten Suizids müssen klar voneinander getrennt sein.

In Zeiten von Corona wurden der Schutz des Lebens, das Recht auf Leben, das Recht auf Privatleben und die freie

Selbstbestimmung der Pandemie untergeordnet. Das heißt, die Politik hat Maßnahmen gesetzt, die in die Freiheit eingriffen, sie hat Ausgangsbeschränkungen erlassen, es wurde sogar überlegt, das Privatleben zu kontrollieren.

In der Pandemie war die Autonomie zweitrangig.

Im Sterben steht sie wieder an erster Stelle.

Sprich: Wir schützen die Gesellschaft vor einem biologischen Virus. Wir sollten die Gesellschaft aber auch vor dem geistigen Virus des assistierten Suizids schützen. Indem wir den Zusammenhalt stärken, die Solidarität fördern, setzen wir Zeichen gegen Einsamkeit und Depression. Mehr soziale Wärme wäre eine gute Therapie, um dem Tod ein Schnippchen zu schlagen.

An der Schwelle zum Jenseits

Früher war da eine klare Trennlinie. Ein Limes des Lebens.

Bis vor etwas mehr als sechzig Jahren schien nach Ansicht der Medizin die Grenze zwischen Leben und Tod klar definiert. Hörte das menschliche Herz zu schlagen auf, war das gleichbedeutend mit dem Ende. Herzschlag ist gleich Leben. Kein Herzschlag ist gleich Tod. Dazwischen – kein Spielraum.

Dann kam ein Österreicher und warf alles über den Haufen. Peter Safar war in die USA ausgewandert, hatte als Anästhesist Karriere gemacht und später Weltruhm erlangt. 1957 brachte er sein Buch *ABC of Resuscitation* heraus, nachdem er Kollegen aus seinem Team mit einem indianischen Pfeilgift betäubt und eine neue Methode an ihnen erprobt hatte. Das Ergebnis war eine Revolution der Notfallmedizin. Safars ABC stand für: Airway, Breathing, Circulation. Bei uns bekannt unter: A für Atemwege freimachen. B für Beatmen. C für Herzdruckmassage. *Resuscitation* bedeutet Reanimation. Die Geburtsstunde des Systems der Wiederbelebung. Mittlerweile wurde die Regel übrigens erneuert und setzt andere Prioritäten: Sie heißt jetzt BAC (Bewusstsein prüfen, Atemwege freilegen, Kreislauf stärken).

Erstmals waren Mediziner, anderes Fachpersonal und später auch jeder beliebige Mensch, der mit der Technik vertraut war, in der Lage, vermeintlich tot Geglaubte ins Leben zurückzuholen. Die Schwelle zum Ende, dieser scharfkantige Cut zwischen Weiß und Schwarz, war keine Trennlinie mehr. Zwischen Diesseits und Jenseits gab es auf einmal eine Grauzone. Peter Safar war auch einer der Ersten, die die lebensverlängernde Wirkung von Kühlung untersuchten. Heute wissen wir: Erleidet jemand neben uns einen Herzstillstand, ist ein Abkühlen des Körpers, neben der Wiederbelebung natürlich, das Wichtigste, um spätere Schäden des Gehirns gering zu halten oder überhaupt zu verhindern. Indem wir ihn mit allem zudecken, was die Tiefkühltruhe zu bieten hat.

Die Forschung zum Ende zeigte: Der Tod ist kein jäher, einzelner Moment. Der Tod ist ein Prozess. Ein schleichender Übergang. Ein Wandel, der sich aufhalten und im Idealfall sogar rückgängig machen lässt.

Dieser Vorgang des Sterbens wird so beschrieben: Die Organe stellen ihre Tätigkeit ein. Keine 20 Sekunden und der Mensch verliert das Bewusstsein. Die Temperatur auf der Hautoberfläche sinkt. Das Gehirn stellt seine Funktionen ein. Enzyme treten aus den Nervenzellen im Gehirn aus und beginnen nach ungefähr fünf Minuten, irreparable Schäden anzurichten. Nach 25 Minuten sterben die Herzzellen, fünf Minuten später die Zellen von Leber und Nieren. Totenflecken bilden sich, sobald das Blut aufgrund der Schwerkraft nach unten sinkt. Nach ein bis zwei Stunden beginnt das Lungengewebe abzusterben. Nach zwei bis vier Stunden setzt die Totenstarre ein, erst am Kiefergelenk, dann am ganzen Körper. Erstaunliches gibt es von der Hornhaut in den Augen zu berichten: Dort finden sich selbst nach einer Woche noch lebende Zellen.

Unser Körper stirbt nicht bloß einen Tod. Er stirbt viele Tode. Der Prozess des körperlichen Verfalls wurde immer akribischer ausgeleuchtet. Und wie sieht es mit dem Geist aus? Mit unserem Bewusstsein? Für die Forschung war der Fall bis vor Kurzem noch klar: Stirbt der Körper, stirbt auch der Geist. Basta. Dieses Verständnis hat sich grundlegend gewandelt. Und so sind auch die Fragen, die inzwischen vonseiten der Naturwissenschaft gestellt werden, gänzlich andere: Was geschieht mit dem Bewusstsein von Menschen, die wiederkehren? Wie lange kann unser Bewusstsein in uns fortexistieren, auch wenn der Körper bereits tot ist? Kann Bewusstsein ohne Körper existieren? Kann unsere Erinnerung über uns hinaus existieren? Wie sieht es da drüben aus?

2018 sorgten Berichte aus den USA weltweit für Aufsehen. Sie brachten das Ergebnis einer Studie in Umlauf, an der sich 15 Medizinzentren in Nordamerika und Europa beteiligt hatten. Die bisher größte Untersuchung dieser Art. Mehr als 2.000 Patienten nahmen daran teil, die alle das gleiche Schicksal einte: Sie waren bereits tot gewesen und waren wiedergekommen. Sam Parnia, Chef der Intensivmedizin und Reanimationsforschung am Langone Medical Center, einer Universität in New York, und Leiter des Projekts, erklärte die Einzelheiten: »Es ist faszinierend, dass es eine Zeit gibt, erst nachdem du und ich gestorben sind, wo die Zellen in unserem Körper allmählich in ihren eigenen Todesprozess übergehen. Ich sage nicht, dass das Gehirn immer noch funktioniert oder ein Teil in dir noch funktioniert, wenn du gestorben bist. Aber die Zellen wechseln nicht sofort von lebendig zu tot. Tatsächlich sind die Zellen viel widerstandsfähiger gegenüber dem Stoppen des Herzens, gegenüber dem Sterbenden, als wir es bisher verstanden haben.«

Also kein Ein-Aus-Schalter. Manche Gene sind weiterhin aktiv. Genauso die Proteine. Zellen versuchen weiterhin, die nicht mehr fassbaren Sauerstoffmoleküle zu ergreifen. Bis zuletzt versuchen unsere kleinsten Bausteine, diesem Prinzip zu folgen. Sich ans Leben zu klammern. So ergibt sich das Bild eines schrittweisen Abschaltens. Ein Sterben auf Raten. Ein Todes-Leasing.

Menschen, die de facto hinüber waren und zurückgeholt werden konnten, berichten von ähnlichen Bildern. Sie hätten ihren Körper verlassen und konnten sich von oben sehen. Viele sahen einen schwarzen Tunnel mit Licht am Ende. Manche sahen Fratzen, reißende Tiere. Oder ein Leuchten, ein überirdisches Gleißen.

Ein Mann hatte in seinem Leben sogar zwei Nahtoderlebnisse.

Valentin Hobel heißt er, lebt in Klagenfurt und ist ein erfolgreicher Mentalcoach. Er schildert das so: »Das erste Mal, als ich starb, war ich viereinhalb Jahre alt. Mein Vater, Greißler von Beruf, hat mich beim Rauchen erwischt. Er ist durchgedreht und hat mich wie rasend zusammengeschlagen. Immer wieder auf mich eingedroschen, mit den Fäusten und den Füßen. Ich lag drei Wochen im Krankenhaus. Berichten zufolge, wechselweise im Koma, ich konnte nicht reden. Seit damals ist da diese Todessehnsucht. An die Bilder kann ich mich heute noch erinnern. Farben. Gelb, Grün, paradiesisch eingebettet, weiter weg Rosen, Tulpen, Blumenbeete. Immer wenn ich's näher angeschaut habe, war es wieder weg. Ich konnte nicht hinein in diese Farbenpracht. Auf einmal kam dieses tiefe Schwarz, ab da weiß ich nichts mehr. Es war ein unheimlicher Kampf. Plötzlich bin ich in der Küche aufgewacht, erinnerte mich an diese herrlichen Farben und erst nach einiger Zeit war mir bewusst, dass ich im Krankenhaus lag. Ich dachte, ich liege daheim auf dem Diwan, die Eltern, die Geschwister, der Hund. Dabei war das gar nicht real. Ich wollte ins Schlafzimmer, weg von diesem Diwan. Irgendwann habe ich den Arzt erkannt und die Schwestern und das Krankenzimmer.

Das zweite Mal, als ich starb, war ich dreiundzwanzig. Ich nahm an der Billard-Staatsmeisterschaft in Klagenfurt teil und hatte ziemlich gute Chancen auf den Titel. Beim Anstoß machte es Klick im Kopf. Ich wusste, ich kann nicht stehen, nicht liegen, nicht sitzen. Das war wie tausend Grad im Körper. Ein Aneurysma. Ich sagte zum Turnierleiter: ›Mein FI-Schalter im Kopf ist geflogen.‹ Der Turnierleiter sagte: ›Dein FI-Schalter ist sowieso geflogen.‹ Er wollte witzig sein. Dachte, ich spinne. Von dort weg habe ich keine Erinnerung an die Realität. Auf einmal habe ich einen Elefanten gesehen, mein Kopf war zweihundert Meter groß und die Elefantenherde ist herumgetrampelt in meinem Kopf. Ungeheure Schmerzen. Ich wusste, dass ich mich nicht bewegen konnte. War abgedriftet. Dann sind wieder die Farben gekommen, dazu meine Mutter. Sie war schon vier Jahre tot. Zwischen mir und meiner Mutter war ein See. Sie hat mir zugewinkt. Wenn ich sie angesehen habe, konnte ich ihr Gesicht nicht erkennen. Auf einer Bahre im Krankenhaus bin ich aufgewacht, der Doktor schaute mich an und fragte: ›Ist das beim Sex passiert?‹ ›Nein‹, habe ich gesagt, ›ich spiele Staatsmeisterschaft, ich beginne gleich.‹ Der Arzt wieder: ›Nein, nein, das kann nur beim Sex passiert sein.‹ Dann bin ich wieder abgedriftet und im Hubschrauber aufgewacht. Da waren Tiere drinnen, aber solche, die ich noch nie gesehen habe. Die Ärzte sagten später, das waren Albträume, manche nennen's Nahtodbilder.«

Valentin Hobel hat viel gelernt aus seinen Erfahrungen, viel nachgedacht.

»Tod bedeutet für mich den Eintritt in eine neue Lebensebene«, sagt er. »Für mich ist die Energie des Menschen unsterblich, lediglich die Form, in diesem Fall der Körper, stirbt. Meine letzten Worte wären: ›Schön und intensiv war's, ich habe alles gegeben und gehe glücklich.‹ Meiner Ansicht nach fürchten sich Leute, die den Tod fürchten, auch vor den Aufgaben des Lebens. Menschen sollten sich weniger wichtig nehmen und nicht für unersetzbar halten, dann würde die Furcht verschwinden. Ich jedenfalls möchte, wenn's so weit ist, mein Abschiedslied singen und mit meinen Kindern und Freunden meinen Abgang ganz bewusst feiern. Dann einschlafen und nicht mehr aufwachen.« Sein Sterbedatum will Hobel, wie die meisten Menschen, nicht kennen.

Immer wieder berichten Menschen, die Unfälle oder Krankheiten nur knapp überlebten, von übernatürlichen Erlebnissen.

Ein Casino-Direktor im Ruhestand lag in einem Wiener Spital, kurz bevor Corona die Welt im Würgegriff hatte. Die Ärzte vermuteten bei dem Herrn eine Lungenentzündung, waren aber nicht sicher, warum der 79-Jährige auch Wasser im Herzen hatte. Auch die Diagnose war vage: eine Lungenerkrankung. Den Ausdruck Covid gab es zu diesem Zeitpunkt noch nicht. Jedenfalls, es geschah um Weihnachten, als der starke Mann mit dem Tod rang, vier, fünf Tage – und gewann. Er erzählte von einer wunderschönen bulgarischen Prinzessin, die ihren Vater erdolcht hat, und anderen Fantastereien. Aber ja, da war auch eine Sphäre aus Farben, unglaublich hell und voll reiner Energie. Dieser Kubus hatte eine besondere Wirkung auf ihn gehabt. Für Bruchteile von Sekunden spürte er den Hauch der Ewigkeit und in dieser Phase des Erkennens wusste er, dass alles gut wird, alles. Tränen rannen ihm über die Wangen, Freudentränen. Dass es so etwas Schönes gab, das war übernatürlich, sagte er. So etwas Wunderschönes. Heute kann er sich nur mehr verschwommen daran erinnern. Was bleibt, sind Seidenfäden einer Ahnung.

Der Kärntner Hubert Riegel war ebenfalls an der Kippe zum Tod. In diesem Zustand sah er sich in einem Wald liegen. Unter Ästen. Neben ihm lief eine digitale Uhr wie ein Countdown. Ganz knapp, bevor die Anzeige auf null stand, packte ihn eine starke, braun gebrannte Hand und zog ihn unter den Ästen hervor. Zurück ins Leben, im letzten Augenblick.

Auf der Internet-Plattform Reddit berichtet ein schwedischer Student über seine Erfahrung mit dem Ende. Sasha Eliasson war schon zweimal für etwa zwei Minuten klinisch tot gewesen. Zum ersten Mal starb Eliasson nach einem Motorradunfall im Jahr 2014. Die zweite Todeserfahrung hatte der 22-Jährige nach einer Operation: Eliasson litt an extremen Schmerzen und nahm eine Überdosis Tabletten zu sich. Sein Puls sank rapide. Sein Atemsystem setzte aus. Er sah eine schwarze Leere, frei von Bewusstsein, und beschreibt es wie ein Nickerchen. Als hätte jemand den Off-Schalter betätigt. Einzig aufgrund der Angaben der Ärzte hätte er gewusst, dass er gerade gestorben war. Er hörte sie reden.

Auch nach seinen Todeserfahrungen bleibt der Schwede überzeugter Atheist: »Ich weiß, dass es keinen Gott oder Himmel gibt. Jedenfalls nicht für mich.« Den Tod fürchte der Student trotzdem nicht mehr. »Ich weiß jetzt, dass sterben nicht schlimmer ist als schlafen. Wenn du stirbst, hörst du nur auf zu leben. Nichts, worüber man sich Sorgen machen müsste.«

In den USA hat die neunjährige Annabel Wilson eine Nahtoderfahrung gemacht, die ihr Leben veränderte. Die Geschichte schrieb ihre Mutter Christy Wilson in dem Buch *Miracles from Heaven* auf: Mit fünf Jahren waren bei Annabel zwei sehr seltene und lebensgefährliche Verdauungskrankheiten festgestellt worden. Jahrelang konnte sie nur flüssige Nahrung zu sich nehmen und hatte ständig Schmerzen. Das änderte sich schlagartig im Dezember 2011: Das schwerkranke Kind stürzte von einem Baum und war stundenlang ohnmächtig. In dieser Zeit will das Mädchen Jesus getroffen haben. Als Annabel erwachte, war sie wie durch ein Wunder gesund. Ihre Verdauung funktionierte makellos.

»Ich sah den Himmel, und es war wirklich hell, und ich sah meine Omi, die ein paar Jahre zuvor gestorben war«, sagte Annabel dem US-Fernsehsender FOX News. »Und da wusste ich, dass ich im Himmel war. Ich glaube, dass ich geheilt bin, weil ich Jesus gefragt habe, ob ich bei ihm bleiben kann, und er darauf sagte: ›Nein, Annabel, ich habe Pläne für dich auf der Erde, die du im Himmel nicht erfüllen kannst. Wenn ich dich zurücksende, wird nichts mehr mit dir falsch sein.‹«

Die Ärzte bestätigten, dass Annabels Krankheiten komplett geheilt waren, und konnten sich keinen Reim darauf machen. Rein medizinisch war das unmöglich.

Am 10. November 2008 schrak der Neurochirurg Eben Alexander um halb fünf in der Früh im Bett auf. Ein furchtbarer Schmerz durchzuckte seine Wirbelsäule. Er ließ sich ein heißes Bad ein, und kaum lag er in der Wanne, fuhr der nächste Blitz aus heißen Nadeln durch sein Rückgrat. Der Schmerz war derart stark, dass Eben Alexander das Bewusstsein verlor. Als seine Frau aufwachte und ihren Mann im Bad liegen sah, rief sie sofort die Rettung. Eben Alexander fiel ins Koma, sein Neocortex funktionierte nicht mehr. Mit einer Wahrscheinlichkeit von 97 Prozent sollte der Familienvater sterben. Wenn er es schaffte, so die einhellige Meinung, dann als Pflegefall.

Doch er überlebte – ohne bleibende Hirnschäden. Ein medizinisches Mysterium, sagte der Arzt. Aber das eigentliche Wunder habe der Patient in der Zeit erlebt, in der er fast tot war. In seinem Buch *Blick in die Ewigkeit* berichtete er von seiner Nahtoderfahrung. »Ich war in eine Welt eingetaucht, die mir erschreckend real vorgekommen ist. Eine Welt aus reinem, hellem, weiß-goldenem Licht. Die eigenartigste, schönste Welt, die er je gesehen habe.«

Ähnliches weiß Sabine Mehne aus Darmstadt zu berichten. Im September 1995 kam die damals 38-Jährige ins Krankenhaus. Ein halbes Jahr zuvor war sie an einer schweren Grippe erkrankt, von der sie sich nie so richtig erholt hatte. Trotz aller Bemühungen konnten die Ärzte keine Diagnose stellen. Die dreifache Mutter hatte wahnsinnige Schmerzen: »Innerlich verabschiedete ich mich damals schon.«

Während einer Ultraschalluntersuchung am 14. September geschah es. Rasend schnell sei sie über ihren Kopf aus ihrem Körper ausgestiegen. Sabine Mehne hatte keine Chance, dem kräftigen Zug zu entkommen, der sie an einen Ort brachte, wo Zeit und Raum keine Rolle mehr spielten. Erst sah sie ihren Körper und die Ärzte und Schwestern im Raum von außerhalb, dann das Licht.

Losgelöst von ihrem Körper, waren alle Schmerzen verflogen, sie spürte, wie die Familientherapeutin sagte, »absolute Liebe und Freiheit, vielleicht sogar den Hauch von etwas Göttlichem«. Parallel dazu lief vor ihrem geistigen Auge eine Art Lebensfilm ab. »Es war kein Schauen mit den Augen, eher ein inneres Sehen«, sagt sie. Ihr kam diese Erfahrung wie eine Realität vor. »Unglaublich schön.«

Das Buch *Heaven is for Real* war in den USA ein Bestseller. Es schildert das Nahtoderlebnis eines vierjährigen Pastorensohns im US-Staat Nebraska. Fast wäre der kleine Colton Burpo bei einer Notoperation nach einem Blinddarmdurchbruch gestorben. Nach seiner Genesung erzählte er den Eltern von erstaunlichen Begegnungen. Er sprach von Jesus, Engeln und seinem toten Urgroßvater, den er nicht gekannt hatte. Sein Vater, Pastor Todd Burpo, war anfangs skeptisch, aber die genauen Schilderungen seines Sohnes überzeugten den Gottesmann. Colton hat dem Himmel einen Besuch abgestattet. Aber seine Zeit war noch nicht gekommen.

Jede Lebensuhr tickt anders.

Der Tod gehört bei jedem Menschen zum Alltag, nur wissen das die wenigsten. Er begleitet uns ständig und ist sogar Voraussetzung dafür, dass wir leben können. Permanent sterben Zellen in unserem Körper und es bilden sich neue. In der Physiologie nennt man den Vorgang Apoptose.

Während des Wachstums bildet der Körper Zellen. Diejenigen, die nicht mit dem Aufbau zusammenhängen, schalten Selbsttötungsgene an und bringen sich bewusst um, zum Wohl des großen Ganzen. Sie machen das auf eine Art, die den Körper schont: Sie implodieren. Puff! Der Zellmüll wird dann diskret entsorgt.

Das Immunsystem funktioniert ähnlich. Weiße Blutkörperchen erkennen Zellen, die von Viren infiziert oder entartet sind und Krebs verursachen. Wie Schurken werden diese an die Wand gestellt und füsiliert. Bumm. Der Körper reinigt sich, schaut drauf, dass niemand Unfug macht. Leben und sterben lassen, wie bei James Bond.

Um den Tod weniger schrecklich erscheinen zu lassen, haben Religionen ein Beruhigungsmittel erfunden, das man nehmen kann oder nicht: die Idee der Seelenwanderung. Dass die Reise weitergeht. Spirituelle Menschen glauben, dass es Reinkarnation gibt.

Der Sinn des Lebens sei ein jahrmillionenalter Entwicklungsprozess, der jedes Lebewesen betrifft. Von der Säuglings-Seele über die Junge Seele bis zur Alten Seele. In jeder Wiedergeburt warten bestimmte Lernaufgaben was Beziehungen, gesellschaftliche Positionen oder Berufe betrifft. Eine Art Lotterie des Lebens, sei sie vorherbestimmt oder zufällig.

Die alten Ägypter betrachteten schon 3000 v. Chr. das Herz als Sitz der Seele mit allem Denken und Fühlen. Auch für den griechischen Philosophen Aristoteles war das Herz die Stätte des Seelenwesens. Die Wanderung der Seele ist eine der meistverbreiteten Vorstellungen vom Überleben des physischen Todes. Östliche Religionen wie Taoismus, Hinduismus oder Buddhismus erachten die Reisen der Seele als Selbstverständlichkeit. Im Christentum bildet das Seelische mit dem Körperlichen und Geistigen die göttliche Dreieinigkeit.

Seelenwanderung und Wiedergeburt sind in Indien ein wesentlicher Aspekt des Glaubens. In Europa wird der Seelentrip, vor allem in der Esoterik, häufig in Zusammenhang mit einer Astralreise oder Rückführung gebracht. Geht das individuelle Seelenwesen auf Wanderschaft, sind der Einzug ins Nirwana und die Verschmelzung mit der kosmischen Seele ihr Ziel. Erst die Befreiung vom Kreislauf der Wiedergeburt ohne Schmerz, Einsamkeit, Wut und Trauer führt zu ewigem Frieden.

Nach spiritueller Auffassung geschieht bei einer Seelenwanderung Folgendes: Abschied im Augenblick des Todes – Verlassen des irdischen Körpers – Wanderung in die Astralebene – Reise zurück in die niederen Ebenen – Anziehungskraft durch einen neuen Körper – Feste Verbindung im Moment der Geburt.

Welcome back.

Im Buddhismus heben verschiedene Strömungen das Karma hervor. Die Menschen glauben, dass sie zwei Waagschalen mit je guten bzw. schlechten Handlungen füllen. Nach dem Ableben entscheidet die Waage über die Form der Wiedergeburt. Im Zen-Buddhismus existiert kein Abwägen von guten und bösen Taten. In der Reinkarnation wird das Ich durch Seelenwanderung immer wiedergeboren und vererbt.

Anhänger des Hinduismus und zum Teil auch des Buddhismus glauben, der Mensch lebe und sterbe demnach nicht nur einmal. Im Christentum gibt es immer wieder Versuche, Beweise für Wiedergeburt, Reinkarnation und Seelenwanderung in der Bibel zu finden – erfolglos.

Vor allem im Hinduismus, teilweise aber auch im Buddhismus, gibt es die Überzeugung, der irdische Körper sei so etwas wie ein Gewand, das man im Tod ablegt, bevor sich die Seele in einem neuen Körper inkarniert, also *Fleisch* wird. Es gibt kein Ende, kein Gericht, keine Seligkeit und keine ewige Verdammnis.

In welchem Körper und in welchem sozialen Umfeld die Seele zur Welt kommt, ob als Königin oder Kassier, als hungerndes Kind oder als Jeff Bezos, hängt davon ab, wie gut der Mensch im vorigen Leben seine Aufgaben erfüllt hat.

Überwiegen die schlechten Taten, hat sich schlechtes Karma angesammelt: Der Mensch hat eine Menge Minuspunkte, die er im nächsten Leben abarbeiten muss, und zwar vor allem durch Leiden. Hat er seine Aufgaben gut erfüllt, liefert der Karma-Bonus einen Turbo für die nächste Inkarnation. Für die Inder ist diese Vorstellung erdrückend. Sie zappeln im Hamsterrad der Wiedergeburten. Das höchste Ziel für einen gläubigen Hindu ist es, aus diesem ewigen Kreislauf auszusteigen.

Im Osten herrscht ein zyklisches, kreisförmiges Verständnis der Zeit: Alles kommt, geht und kommt wieder. Wie die Jahreszeiten einander im ewigen Kreislauf ablösen, so ist es bei allem auf der Welt und so kommen auch die Seelen immer wieder. Es gibt keinen Anfang und kein Ende, die Zeit dreht sich wie ein Riesenrad.

Im Westen, vor allem in der Bibel, aber auch im griechisch-römischen Kulturraum hat sich ein lineares Zeitverständnis herausgebildet, das durch einen Pfeil ausgedrückt werden kann: Es gab einen Anfang, nichts wiederholt sich, alles ist einmalig. Es gibt eine Geschichte, es gibt bleibende Veränderungen und Entwicklungen. Leben ist linear. Ein Vektor.

An der Schwelle zur Ewigkeit scheiden sich die Geister.

In der Bibel gibt es die Geschichte vom guten Anfang im Garten Eden, diesem folgt der Fall. Die Welt wird immer schlechter, bis Gott am Ende der Zeit die Apokalypse heraufbeschwört, alles vernichtet und neu schafft. Erst in der Aufklärung hat sich diese Auffassung geändert. Ab da wurde eine Aufwärtsentwicklung gesehen: Der Mensch entwickelt sich immer höher, was Wissenschaft und Technik betrifft, aber auch auf moralischem, künstlerischem und politischem Gebiet. Die modernen westlichen Reinkarnationsvorstellungen verbinden den Kreis und den Pfeil zur Spirale. Alles kommt immer wieder, aber jedes Mal auf einer höheren Ebene.

Die Menschen entwickeln sich durch ihre Inkarnationen immer weiter, sie verwirklichen immer mehr das Göttliche, das angeblich in jedem von uns liegt. Karma wird nicht mehr als Strafe verstanden, sondern jede Seele nimmt sich im Zwischenzustand zwischen zwei Erdenleben eine Entwicklungsaufgabe vor, die sie im kommenden Leben erfüllen möchte. Und wenn sie es in diesem Leben nicht schafft, dann eben im nächsten. Faszinierend an dieser Vorstellung ist das optimistische Bild: Kinder, es geht aufwärts. Die ewige Verdammnis war gestern, heute gibt es neue Chancen. Jeden Tag, jeden Augenblick.

Die Maxime lautet: Erkenne dich selbst!

Besuch bei den Bischöfen

Die Geistlichen erscheinen. Bischof Josef Marketz trägt Brille und Dienstgewand. Bischof Alois Schwarz begrüßt die Autoren mit gefalteten Händen.

Wie stehen Sie zum Tod?

Bischof Marketz: Er bedeutet das Ende des irdischen Lebens für alle Lebewesen und natürlich auch für den Menschen. Ich gehe von der Erfahrung aus, dass alles irdische Leben unter dem Vorbehalt der Endlichkeit steht. Manchmal fürchte ich mich davor, weil ich gern lebe und noch viel erleben möchte. Dann wiederum nimmt die Gewissheit des Todes den Druck aus schwierigen Situationen heraus.

Bischof Schwarz: Der Tod ist für mich eine sehr vielschichtige Erfahrung. In den Nachrichten berührt mich das anders als in einem Telefonat mit einem Bekannten oder gar Verwandten. Manchmal weine ich mit jemandem, der mich anruft, dass ihm ein lieber Mensch gestorben ist. Da spüre ich, wie schmerzlich das Sterben und Abschiednehmen ist. Ein anderes Mal bereite ich Menschen darauf vor, dass sie in nächster Zeit sterben werden. Ich spreche dann nicht direkt über den Tod, aber darüber, wie wichtig die gegenwärtigen Augenblicke sind. Der Tod verdichtet das Leben, weil alles, was wir tun, ein Ende hat und die Zeit nicht mehr zurückgedreht werden kann. Der Tod macht Augenblicke sehr kostbar.

Gibt es ein Leben danach?

Bischof Marketz: Ja, ich glaube daran. Und ich bin neugierig darauf.

Bischof Schwarz: Der Tod beendet das Sterben, aber nicht das Leben, weil ich überzeugt bin, dass es ein Leben nach dem Tod gibt. Wir gehen vom Leben zum Leben über die Schwelle des Todes. Ich habe viel über die Auferstehung von den Toten gelesen und Menschen dazu sprechen gehört, sodass ich fest davon überzeugt bin, dass es ein Leben mit Gott jenseits des Todes gibt. Für diese Überzeugung sind Menschen in den Tod gegangen. Weil es ein Leben nach dem Tod gibt, hat der Tod nicht das letzte Wort.

Was wären Ihre letzten Worte?

Bischof Marketz: Ich habe schon viele Menschen sterben sehen. Die wenigsten haben während der letzten Minuten noch etwas gesagt. Ich denke, ich würde auch voller Spannung auf das Kommende schweigen.

Bischof Schwarz: Wenn ich mir das aussuchen könnte, würde ich am liebsten sagen: »Gott, ich danke dir, dass du mich ins Leben gerufen hast, und jetzt bin ich da. Jesus, umarme mich.« Und mit ihm zurückschauend auf das Leben: »Danke! Danke auch all denen, die mit mir das Leben geteilt haben.«

Warum fürchten sich alle vor dem Tod?

Bischof Marketz: Dafür gibt es mehrere Gründe: Manche meinen, auf das Leben folgt das Nichts, und sie fürchten sich weniger vor dem Tod als vor dem Sterben. Andere malen sich zwar den Himmel in den schönsten Farben aus, aber dann fürchten sie sich doch vor dem Aufbrechen zu etwas, das wir letztlich nicht kennen. Und dann gibt es in uns Menschen ein Gefühl der Abwehr, weil wir nicht akzeptieren wollen, dass all das Schöne des Lebens ausgelöscht ist, dass Menschen, die man liebt, nicht mitgehen. Echte Liebe mag keine Grenzen ziehen und verlangt nach Ewigkeit, die uns zwar versprochen ist, aber durch den Tod doch radikal infrage gestellt wird. Gläubige Christen glauben daran, dass es am Ende des Lebens ein Gericht über unsere Lebensführung, über unsere Taten geben wird, auch über die dunklen Punkte, die wir erfolgreich verdrängt haben. Und davor haben sie Angst, können oft nicht glauben, dass der richtende Gott mit unendlicher Liebe auf ihr Leben blicken wird.

Bischof Schwarz: Wir können uns nicht vorstellen, wie das sein wird nach diesem Leben in einem anderen Leben. Wenn ich mir aber Leben vorstelle, dann ist das eine große Kraft mit Hoffnung. Hoffnung vertreibt die Furcht.

Haben Sie Ihr Begräbnis geplant?

Bischof Marketz: Nein, nur so viel: Ich möchte, wenn möglich, bei meiner Heimatkirche in der Erde begraben werden.

Bischof Schwarz: Für mein Begräbnis habe ich im Testament geschrieben, wie es gefeiert werden soll und wo ich begraben werden möchte. Da gibt es ein eigenes Kuvert bei meinen Dokumenten, auf dem steht, dass es um mein Begräbnis geht. Dazu habe ich Texte aus der Bibel gewählt, die mir wichtig sind und irgendwie zusammenfassen, wofür ich gelebt und mich eingesetzt habe.

Welche Farbe hat der Tod?

Bischof Marketz: Die liturgische Farbe für das Begräbnis wurde ja von Schwarz auf Violett geändert, manche verwenden als Zeichen der Hoffnung auf die Auferstehung des Verstorbenen auch gerne Weiß, für mich hat der Tod nach wie vor die Farbe Schwarz.

Bischof Schwarz: Dazu habe ich keine Assoziationen.

Wäre der Tod ein Mensch, wie würde er aussehen und heißen?

Bischof Marketz: Es gibt ja unter den Menschen Todbringer für andere, die haben ganz unterschiedliches Aussehen und auch verschiedene Namen. An den Gevatter Tod mit der Sense glaube ich eher nicht.

Bischof Schwarz: Für mich ist der Tod wie ein Wächter oder Türhüter an einer Grenze, der das Tor in eine andere Welt öffnet.

Hatten Sie schon eine Nahtoderfahrung?

Bischof Marketz: Nein.

Bischof Schwarz: Eine Nahtoderfahrung hatte ich noch nie. Ich kenne aber Augenblicke, wo ich ganz stark gespürt habe, dass ich noch weiterleben darf. Nach einer Operation, die gut ausgegangen ist. Hätte der Arzt mein Problem damals nicht erkannt, würde ich heute nicht mehr leben. Nach dieser Erfahrung war ich sehr dankbar und ich habe eine neue Freude an meinen Lebensjahren gespürt.

Was wollen Sie auf keinen Fall verpassen, bevor es zu Ende geht?

Bischof Marketz: Ich habe schon so viel Wunderbares erlebt in meinem Leben, dass ich jetzt in großer Dankbarkeit alles Schöne und Liebevolle als eine Zugabe empfinde. Ich weiß nicht, was ich noch verpassen könnte.

Bischof Schwarz: Bevor mein Leben zu Ende geht, möchte ich allen danken, die mich begleitet, gefördert, gestützt und gepflegt haben. Ich möchte für alle beten, die mich beten gelehrt haben und mit denen ich beten durfte. Ich möchte mich bei allen entschuldigen, denen ich Unrecht getan und die ich mit meinen Worten und Taten verletzt habe. Ich möchte allen verzeihen, die mich abgelehnt und die mir das Leben schwer gemacht haben. Ich möchte ganz ehrlich und ohne Groll meinen Feinden und Widersachern vergeben. Ich möchte auf keinen Fall verpassen, nach einer Beichte mit der heiligen Kommunion zu sterben.

Wie möchten Sie sterben?

Bischof Marketz: Als ich jünger war, wünschte ich mir, langsam und bewusst sterben zu können, um manches noch fertigzubringen und versöhnt mit Gott und den Menschen aus dem Leben zu scheiden. Je älter ich werde, desto mehr wünsche ich mir ein nicht allzu schmerzhaftes Sterben und einen raschen Tod. Aber ich bin, denke ich, innerlich bereit, jede Form anzunehmen.

Bischof Schwarz: Ich möchte daheim sterben. Nach einer Feier der heiligen Messe.

Was halten Sie von Euthanasie?

Bischof Marketz: Je länger ich über das Lebensende des Menschen nachdenke, desto größer wird meine Achtung vor dem Geheimnis, das wir Leben nennen. Es entsteht aus Liebe, wird durch Liebe genährt, stirbt hinein in die Liebe Gottes. Der Erweis von Liebe kann das einzig Respektvolle und Hilfreiche sein, das ich einem Menschen zum Ende des Lebens schenken kann – die aktive Beihilfe zum Tod, auch wenn er ein guter Tod genannt wird, kann doch niemals ein Liebesdienst an diesem Lebensgeheimnis sein.

Bischof Schwarz: Euthanasie ist ein Wort, das an die schrecklichen Ereignisse in der nationalsozialistischen Zeit erinnert und aktive Beihilfe zum Sterben bedeuten kann. Handelt es sich dabei um die gezielte Herbeiführung des Todes, so ist das immer und in jedem Fall zu vermeiden und zu verurteilen. Jedem Menschen, der dem Tod geweiht ist, muss jede Hilfe gewährt werden, dass er in Würde sterben kann. Dabei ist alles zu ermöglichen, was das Abschiednehmen erleichtert, und alles zu unterlassen, was den Tod aktiv herbeiführt und das Leben durch äußere Einwirkung beendet. Dem Menschen ist jede Unterstützung zum Leben zu geben und es darf ihm nicht das Gefühl vermittelt werden, nicht mehr gewollt zu sein. Durch den Ausbau stationärer und mobiler Hospizdienste kann die befürchtete Einsamkeit vermieden und die

Entlastung der pflegenden Angehörigen geboten werden. Ziel ist ein hohes Maß an Lebensqualität und Selbstbestimmung bis ans Lebensende, in Verbindung mit ganzheitlicher Begleitung.

Was ist für Sie die Hölle, was der Himmel?

Bischof Marketz: Eine Ahnung davon haben wir auch im Leben, wir beschreiben ja gern Situationen mit diesen beiden Begriffen. Für mich ist der endgültige Himmel ein Ort oder Zustand der innigsten Nähe zu Gott und der vollkommenen Liebe. Die Hölle wäre die völlige Abwesenheit von beiden. Wenn uns aber die Möglichkeit gegeben wird, im Tod noch selbst über das eine oder andere zu entscheiden, gehe ich davon aus, dass jeder Mensch den Himmel wählen wird.

Bischof Schwarz: Hölle ist für mich eine endgültige Ablehnung der Liebe Gottes und eine Verweigerung des Angenommen- und Gewollt-Seins. Himmel ist für mich das letzte Glück, die Erfahrung des Unbedingt-geliebt- und Angenommen-Seins in einer nie endenden Gotteserfahrung. Es ist ein endloser Augenblick der Liebe.

Ist im Himmel Platz für alle?

Bischof Marketz: Darüber mache ich mir keine Sorgen, wenn ich nur in den Kosmos blicke. Ich denke, es hat sich nicht zufällig gerade dieses Bild für den Himmel durchgesetzt.

Bischof Schwarz: Auf jeden Fall.

Gibt es eine Phase des Übergangs?

Bischof Marketz: Die katholische Tradition kennt wie viele andere Religionen auch so eine Phase, die mit einem unglücklichen bildhaften Begriff Fegefeuer genannt wird, auf das es allerdings in der Heiligen Schrift keinen Hinweis gibt. Es wurde lange in schrecklichen Farben gemalt als Ort von Folter und Strafe. Heutige Theologen sprechen von einem möglichen Ort der Reifung, Läuterung, Befreiung und Erleuchtung.

Bischof Schwarz: Es gibt Menschen, die mit innerer Ruhe den für sie unausweichlichen Tod ganz bewusst wahrnehmen und sich von ihren Angehörigen und Freunden dankbar verabschieden. Sie spüren die Grenzen des Lebens und rufen noch den einen oder anderen an und wollen ihnen ganz bewusst begegnen. Kardinal Franz König hat in den letzten Wochen seines Lebens ganz gezielt Einzelne zur Feier der heiligen Messe oder zum Gespräch zu sich gebeten. Er ist für mich ein Vorbild eines gestalteten Übergangs.

Freuen Sie sich über ein Wiedersehen mit Verwandten und Freunden im Jenseits?

Bischof Marketz: Freude ist für mich dafür nicht das richtige Wort. Freuen tue ich mich auf etwas sehr Konkretes, das ich schon kenne und erneut erwarte. Wie dieses Wiedersehen im Jenseits stattfinden wird, kann ich mir nicht recht vorstellen, deswegen hoffe ich eher darauf, als dass ich mich freue.

Bischof Schwarz: Meine Vorstellung vom Jenseits ist die einer von Liebe erfüllten Begegnung mit Gott, bei dem ich alle finde, die mir vorausgegangen sind, und im Warten auf die, die mir im Leben viel bedeutet haben.

Würden Sie gerne Ihr Sterbedatum kennen?

Bischof Marketz: Nein, auf keinen Fall. Da würde mir wohl die Tugend der Hoffnung abhandenkommen, ohne die ich mir mein Leben aber nicht vorstellen kann.

Bischof Schwarz: Nein.

Würden Sie Ihren Leichnam und Ihre Organe der Medizin überlassen?

Bischof Marketz: Ich wüsste keinen persönlichen Grund, es nicht zu tun. Allerdings habe ich viel zu wenig Informationen über die Konsequenzen einer solchen Verfügung.

Bischof Schwarz: Meinen Leichnam würde ich nicht der Medizin überlassen. Ich bin aber einverstanden, dass man Organe entnehmen darf, wenn dadurch Leben anderer gerettet werden kann.

Urne oder Sarg?

Bischof Marketz: Ich bevorzuge den Sarg, auch wieder wegen der Hinterbliebenen, die oft am Grab Trost suchen, weil Sie sich dort den Menschen noch so in etwa vorstellen, wie sie ihn gekannt haben.

Bischof Schwarz: Für mich sind ein Sarg und eine Erdbestattung etwas sehr Tröstliches. Unser Leib, den wir ein Leben lang gepflegt, ernährt, gewaschen und trainiert haben, den wir gesalbt und geschminkt haben, sollte nicht abrupt dem Feuer übergeben und in wenigen Minuten zerstört sein. Das langsame Verwesen und Zurückkehren zur Erde ist ein sehr behutsamer und respektvoller Vorgang. Beim kirchlichen Begräbnis heißt es: »Von der Erde bist du genommen und zur Erde kehrst du zurück.« Der Sarg oder, wenn es sein soll, auch die Urne sollen aber auf jeden Fall in einem öffentlichen Friedhof beigesetzt werden. Wer stirbt, gehört nicht mehr sich selbst und auch nicht seinen engsten Angehörigen. Deshalb sollte, wer immer um einen Menschen trauert, auch Zugang zur Grabstätte haben. Wenn die Urne zu Hause in einem Wohnzimmer aufbewahrt oder wenn der Sarg im Garten eines Anwesens vergraben wird, können nur die Wohnungseigentümer oder Besitzer zum Grab gehen. Viele andere aber, die vielleicht auch trauern, weil sie einen Menschen in irgendeiner Weise begleitet haben, können nicht an den Ort der Trauer. Und was ist, wenn der oder die Verstorbene in der Urne im Wohnzimmer plötzlich nicht mehr erwünscht ist? Was geschieht dann mit ihnen? Zur Gräbersegnung an Allerheiligen kommt auch niemand in die Häuser oder zu den privaten Grabstätten.

Machen es die Beichte oder die Krankensalbung für Todkranke leichter?

Bischof Marketz: Aus meiner Erfahrung mit Sterbenden kann ich die Frage klar bejahen. Ich erinnere mich an viele alte oder kranke Menschen, die darauf gewartet haben und dann friedlich entschlafen sind. Ein einziges Mal wurde ich abgewiesen. Für religiöse Menschen sind die Sterbesakramente, zu denen nach Möglichkeit noch der Empfang der heiligen Kommunion hinzukommt, wie das Aufschließen eines Tores in die Ewigkeit, viele, auch weniger Religiöse, erleben sie als ein Abschiedsritual von diesem Leben und den Menschen, die sie im Sterben begleiten.

Bischof Schwarz: Wenn Menschen einen Zugang zum christlichen Glauben haben oder wenn sie in irgendeiner Weise darauf vertrauen, dass Gott ihnen bestehen und helfen kann, sollte man mit ihnen auch über die Feier der Sakramente am Krankenbett sprechen. Von der Krankensalbung geht eine heilende Kraft aus. Das Sakrament der Beichte hilft, der vergebenden Liebe Gottes zu trauen und die Zusage der Barmherzigkeit Gottes zu hören. Die Kommunion schenkt dem Kranken und Sterbenden die Nahrung für die Seele. Und außerdem wird der Mensch, der Jesus in der heiligen Kommunion empfängt, in seinem Sterben in diesen Jesus hineinverwandelt. Oft habe ich erlebt, wie Menschen, die fast nicht mehr gesprochen haben, sich bei der Feier der Krankensalbung aufgerichtet und mitgebetet haben. Für manche war es wirklich eine Neubelebung. Sie konnten dann in großem inneren Frieden loslassen und versöhnt sterben.

Haben es Gläubige leichter im Leben?

Bischof Marketz: Es gibt viele Menschen, die großes Vertrauen in einen liebenden Gott setzen und auf diese Weise gelassener, mutiger, zufriedener und selbstbewusster durchs Leben gehen. Es gibt aber auch gläubige Menschen, die der Überzeugung sind, dass Gott sie beobachtet und sie sich für jeden kleinen Fehler rechtfertigen werden müssen. Solche Menschen sind oft verkrampft. Wissenschaftliche Studien weisen darauf hin, dass gläubige Menschen glücklicher, engagierter, stressresistenter und sogar gesünder sind.

Bischof Schwarz: Gläubige haben es im Leben nicht immer leichter, sie haben aber eine andere Lebensperspektive. Für sie gelten nicht nur die irdischen Lebensjahre, in denen sie alles erleben wollen, sondern auch die himmlischen Jahre, die unbegrenzt eine Fülle des Glücks bedeuten.

Zeit für Ethik

Nach so viel geballter Christenheit werden die Autoren nachdenklich.

Sinnieren über das Sein. In sich gehen und fühlen. Was soll das alles, wer bin ich, warum bin ich hier? Das Vermögen des Menschen, die Welt zu begreifen, sein Verhältnis zur Welt bewusst zu gestalten und über dieses Verhältnis zu reflektieren, zeichnet ihn als besonderes Lebewesen aus. Sein Verhältnis zur Welt wird nicht nur dadurch bestimmt, sondern in erster Linie durch die Art der Sicht des Menschen auf diese Welt und was er unter Welt zuallererst versteht.

Unser Weltbild wurde seit dem Zeitalter der Aufklärung zunehmend erschüttert. Die Verkleinerung des Menschen und der Natur auf erklärbare, messbare und voraussagbare Phänomene im Rahmen des Reduktionismus und des Szientismus führte zwangsläufig zu einem nachwirkenden Verlust der Religion.

Glaube wird unglaubwürdig.

Die wichtigen psychologischen, spirituellen und humanistischen Aspekte der vertrauensvollen Beziehung untereinander, Altruismus und Mitgefühl oder Empathie drohen verloren zu gehen. Werte werden obsolet, als würde man etwas Überflüssiges ins Rinnsal kippen. Das Brackwasser der Güte.

Der humanistische Mensch denkt: Mein einzig wahrer Besitz sind meine Taten. Ich kann den Konsequenzen meiner Taten nicht entgehen. Meine Taten sind der Boden, auf dem ich stehe.

Persönliche Entwicklung kann nur vor dem Hintergrund des ständigen Bemühens geschehen. Unser Verstand, unser Denken kann dabei ganz entscheidend behilflich sein. Jede

Überlegung schafft die Möglichkeit der laufenden Selbstreflexion, sie zeigt Wege und Richtungen auf, die wir beschreiten können – oder auch nicht. Denken ist wie ein Floß, das uns ans andere Ufer des Flusses bringen kann.

Die Entscheidung dazu trifft jeder für sich allein, indem er oder sie täglich aufs Neue bei sich selbst den Maßstab ansetzt.

Paracelsus, ein großer Denker und Arzt, meinte: Einen, der sich selbst hasst und sich selbst nichts Gutes gönnt, trifft sein eigener Fluch.

Die Qualität unserer Beziehung hängt sehr stark von unserer Haltung und Einstellung uns selbst und den Mitmenschen gegenüber ab. Indem wir zum Wohle anderer beitragen, schreiten wir in unserer eigenen Weiterentwicklung voran. Respekt voreinander zu haben, heißt auch, dass wir uns bemühen, einander zu verstehen, dem Vis-à-Vis in Mitgefühl und Liebe zu begegnen, ohne uns dabei in unfruchtbaren Diskussionen aus einer starren, egozentrischen und dogmatischen Position heraus zu verlieren. Und zu verirren.

Blicken wir bloß auf die letzten Monate zurück. Was Corona und die Regeln mit den Menschen gemacht haben. Verordnungen, Erlässe, Lockdowns und Lockerungen. Angst und Kontrolle. Lob und Leugnung. Ein Spaltpilz an Meinungen.

Es ging in der Gesellschaft nicht mehr um das reine Verbot, sondern um Privilegien. Wenn ich etwas nicht darf, warum darf das der andere? Warum wurde das Reiten verboten? Wenn alle anderen Ausgangsbeschränkung haben, warum sollte man überhaupt ausreiten? Die Leute schauten sich gegenseitig auf die Finger. Wer fährt U-Bahn, wer Bus? Warum? Wer trägt keine Maske? Wer greift im Supermarkt das Brot ohne Handschuhe an? Wer ist getestet? Wer ist genesen? Wer ist geimpft? Wer ist dagegen? Wem geht's besser, wem geht's schlechter? Wer genießt Vorzüge, die nicht sein dürfen, und warum? Wer darf aus den Fördertöpfen naschen, wem sind sie verwehrt? Die Gesellschaft verliert das Gleichheitsgebot. Und die Toleranzgrenze.

Wer auf sich achtet, achtet auch auf andere. Rücksicht nehmen, einmal mehr lächeln statt grantig auf den Boden starren. Es ist so einfach. *Mindfulness.* Neudeutsch für Achtsamkeit. Leben im Hier und Jetzt. Das hat nichts mit esoterischer Verträumtheit und Om-Getue zutun. Wir reden davon, dass die Menschen, wenn sie draußen sind, keine Vögel mehr zwitschern hören. Sie sehen keine Wiesenblumen. Sie greifen keine Baumrinde an. Sie schätzen die Natur nicht. Die Natur ist da, eh schön.

Der Geist der Humanität drückt sich nicht nur in Menschenliebe, Toleranz, Brüderlichkeit und Schwesterlichkeit aus. Er respektiert die Würde aller Menschen. Das mag verklärt und weltfremd klingen, mögen einige Pragmatiker argumentieren. Aber wo, wenn nicht bei uns selbst anfangen? Und damit der Unwissenheit, dem Fanatismus und dem Ehrgeiz, diesen wesentlichen menschlichen Schwächen, entschieden entgegentreten. Dem reinen Denken in Polaritäten.

Hell und Dunkel! Licht und Schatten! Eintracht und Hader! Tag und Nacht! Yin und Yang! Leben und Tod!

Es gilt, die Brücke des Starrsinns zu überschreiten. Gegensätze zu verstehen, zu analysieren, die Schattierungen dazwischen zu erkennen und danach zu handeln, nur das führt zu unserer persönlichen Weiterentwicklung. Es beeinflusst aber auch unser Umfeld. Ist nicht leicht.

Johann Wolfgang von Goethe hat das so ausgedrückt: »Die Kunst ist lang, das Leben kurz, das Urteil schwierig, die Gelegenheit flüchtig. Handeln ist leicht, Denken schwer; nach dem Gedachten handeln unbequem.«

Alles, was uns angenehm und lieb ist, ist der Veränderung unterworfen. Es gibt keine Möglichkeit, dem Getrenntsein von Liebem zu entgehen. Unsere Weiterentwicklung und geistige Neuorientierung führt vielleicht irgendwann einmal zum souveränen Herrscher über uns selbst. Der Wunsch nach einer Überwindung des Todes und der Rückkehr in ein verlorenes Paradies, in dem der Mensch vom Tod noch nichts wusste, mag eine Illusion sein, eine Antwort auf diese tiefste Frage unserer Existenz mag sich jeder Einzelne immer nur selbst beantworten.

Laotse schrieb in *Der Weise:*

»Wer andere kennt, ist klug.
Wer sich selber kennt, ist weise.
Wer andere besiegt, hat Kraft.
Wer sich selber besiegt, ist stark.
Wer sich durchsetzt, hat Willen.
Wer sich genügen lässt, ist reich.
Wer seinen Platz nicht verliert, hat Dauer.
Wer auch im Tode nicht untergeht, der lebt.«

Und Rainer Maria Rilke verdichtete es in der ersten seiner *Duineser Elegien*:

»Freilich ist es seltsam, die Erde nicht mehr zu bewohnen,
kaum erlernte Gebräuche nicht mehr zu üben,
Rosen, und andern eigens versprechenden Dingen
nicht die Bedeutung menschlicher Zukunft zu geben;
das, was man war in unendlich ängstlichen Händen,
nicht mehr zu sein, und selbst den eigenen Namen
wegzulassen wie ein zerbrochenes Spielzeug.

Seltsam, die Wünsche nicht weiter zu wünschen. Seltsam,
alles, was sich bezog, so lose im Raume
flattern zu sehen. Und das Totsein ist mühsam
und voller Nachholn, dass man allmählich ein wenig
Ewigkeit spürt. – Aber Lebendige machen
alle den Fehler, dass sie zu stark unterscheiden.
Engel (sagt man) wüssten oft nicht, ob sie unter
Lebenden gehn oder unter Toten. Die ewige Strömung
reißt durch beide Bereiche aller Alter
immer mit sich und übertönt sie in beiden.«

Was auch immer es mit dieser Ewigkeit auf sich hat, wir alle werden irgendwann einmal davon kosten.

Euren Gott gibt es nicht

Den Knall hört sie jede Nacht. Den Aufprall, als der Lastwagen den roten Toyota seitlich erwischte. Paulina schrickt hoch aus der Vorstellung. Der Moment, der ihr Leben für immer verändert hat. Der Wagen, wie er längsseits gegen die Leitplanke gedrückt wurde. Paulina saß am Beifahrersitz, sah entsetzt zu ihrem Mann hinüber, der das Lenkrad verriss. Das Auto kam ins Schleudern, überschlug sich elf Mal, als es über die Böschung stürzte, Paulina sah das Glas splittern, oben und unten, unten und oben, sie war angegurtet, ihr Mann auch. Die Kinder nicht. Obwohl sie es immer wieder eingefordert hatte. Sie hatten ein Spiel daraus gemacht, das Gurtenspiel.

Die Feuerwehr musste Paulina aus dem Wrack schneiden. Die Bergung dauerte zwei Stunden. Sie bekam von alldem nichts mit. Wachte auf im Krankenhaus. Die Augen des Arztes, darunter zwei Tränensäcke. »Sie müssen jetzt sehr stark sein«, hatte er gesagt. Sie haben einen schweren Autounfall gehabt. »Was?«, fragte sie. »Wie? Wo sind die Kinder? Wo ist mein Mann?« Der Arzt schüttelte den Kopf, es täte ihm sehr leid. Sie hätten alles versucht, aber da war nichts mehr zu machen.

Vor einem Jahr hat man ihr den Boden unter den Füßen weggerissen. Früher, als Kind, ist Paulina in die Kirche gegangen. Einen besonderen Bezug zum Glauben hatte sie nie, es war etwas Vages. Das Gefühl, es gäbe eine höhere Macht. Nennt sie, wie ihr wollt. Jetzt waren diese Bande gerissen. Es gab nichts, und es gibt nichts, da ist sie sich sicher. Ein Gott konnte so etwas nicht zulassen. Er konnte nicht so grausam oder auch nur nachlässig sein, zwei kleine Kinder in einem

Auto zu zermalmen. Die Ärzte haben gemeint, sie hätten nicht gelitten, aber sie glaubt, das sei nur beschönigt. Sehr wohl waren da diese Schmerzen, die Schreie und das letzte Aufbäumen. Ihr Mann hatte es in die Intensivstation geschafft. Aber die Organe waren zerquetscht, es war hoffnungslos.

Mit dem Tod ihrer Familie ist jeder Lebensfunke in ihr ausgelöscht worden. Paulina probiert Tag um Tag, über die Runden zu kommen, irgendwie, auch ohne Job und ohne Freunde. Allein. Weil alles bedeutungslos geworden ist, alles. Sie hofft, dass es bald aus ist, der ganze Albtraum. Und, nein, sagt sie dem Pfarrer ins Gesicht, euren Gott gibt es nicht.

Wenn die Zeit gekommen ist, wird alles schwarz und es ist aus. Für immer. Da ist der Abgrund, wir fallen in die Endgültigkeit und tauchen nie wieder auf. Manchmal überlegt Paulina, ob es zumindest eine Wiedervereinigung geben könnte, irgendwas Energetisches, eine Ursuppe, in der alle Seelen schwimmen.

Sie nimmt das Bild in die Hand, wo sie alle vier drauf sind, damals in Griechenland war das, am Strand, nachdem sie Souvláki gegessen und über den lustigen Kellner gelacht hatten. Die Welt war in Ordnung. Es hätte so weitergehen müssen, mit dem Lachen, mit dieser Unbeschwertheit des Seins. Nein, denkt sie, Gott existiert nicht. Und selbst wenn jemand den Gegenbeweis antritt, dann will sie nichts mit ihm zu tun haben.

Paulinas Welt ist aus den Fugen geraten, ihr Alltag hat sich zusammengeballt wie ein verrotteter Apfel. Ein dunkles Nichts aus Sinnlosigkeit. Manche Schicksale sind schlimmer, als man es für möglich halten kann, und Paulinas Leben ist so eines.

In Österreich glauben laut Statistik 73 Prozent der Bevölkerung an Gott, 63 Prozent bezeichnen sich als religiöse Menschen. 4,9 Millionen sind Katholiken, nur vier Prozent überzeugte Atheisten.

Frank, 36 und von Beruf Werbegrafiker, ist ein bekennender Gottloser: »Hört auf mit dem ganzen Schmafu. Das Leben ist kurz, jeder soll das Beste daraus machen und irgendwann ist aus die Maus. Sense. Der große Regenschirm klappt zu, wir verabschieden uns und dann sollen die anderen weitermachen. So einfach ist das.«

Atheisten haben in Österreich im Dezember 2018 sogar einen Verein gegründet, sind im Web unter avoesterreich.at präsent und verfügen über einen eigenen YouTube-Kanal. Obmann Dustin Krinzer, ein junger Mann mit freundlichem Lächeln, hat einen Leitsatz: »Wenn Gott nicht gewollt hätte, dass es Atheisten gibt, würde er existieren.«

Der Verein hat sich klare Ziele gesteckt. »Wir möchten Religion gänzlich in den privaten Bereich verschieben und setzen uns für eine Trennung von Staat und Kirche ein. Alle staatlichen Subventionen an Religionsgemeinschaften sollen dem Niveau einer normalen Vereinsförderung angepasst werden. Kinder und Jugendliche sollen bis zu einem gewissen Schutzalter vor schädlichen religiösen Praktiken (Stichwort Beschneidung) bewahrt werden. Wir möchten als Organisation Menschen ohne religiöses Bekenntnis vertreten, die sich säkularen, sozialen und demokratischen Grundsätzen verpflichtet fühlen. Damit möchten wir mediale Aufmerksamkeit schaffen, eine größere Reichweite erlangen sowie Hilfestellung und Veranstaltungen anbieten. Wir möchten Menschen, die einer Religionsgemeinschaft angehören und aus dieser austreten wollen, beim Austritt behilflich sein.«

2020 sind in Österreich 58.535 Menschen aus der katholischen Kirche ausgetreten. Laut der deutschen Statistikdatenbank Statista erwirtschaftete die katholische Kirche in Österreich 2019 offizielle Erträge in der Höhe von 637,4 Millionen Euro.

Wenn Kinder sterben

Warum? Die Pfarrer erzählen einem etwas von Gottes Willen und da ist ein fünfjähriges Mädchen ohne Haare. Die Chemotherapie hat nicht funktioniert und dieses Mädchen, Annelie, stirbt. Die Eltern brauchen keinen Gott mehr, sie glauben an nichts, sie haben alles verloren.

Wenn Kinder sterben, ist das etwas anderes. Es ist nicht richtig. Es ist falsch. Das Schicksal schiebt einem keine Bananenschale vor die Füße, es reißt alles weg.

Warum sterben kleine Mädchen, kleine Buben? Tote Säuglinge als Lebensknick, Leukämie bei einer Sechsjährigen? Ein siebenjähriger Bub stirbt an Hautkrebs? Wer braucht da noch einen Gott? Was ist denn das für ein Glaube? Liebe deinen Nächsten?

Unfälle, alles von außen, schocken den Menschen. Krankheiten, alles von innen, machen wütend. Das Leben ist unfair, eine Lüge. Jemand raucht sein ganzes Leben lang und stirbt mit neunzig; jemand säuft sein ganzes Leben lang und fällt mit achtzig um. Aber dieses Kind, das niemandem etwas getan hat, stirbt elendiglich mit elf Jahren. Wo ist da, bitte schön, die Gerechtigkeit? Falscher Arzt? Falsches Leben? Zufall? Karma? Besser beim nächsten Mal? Vielleicht später oder gar nicht? Wir wissen es nicht.

Prof. Wilhelm Kaulfersch leitete jahrelang die Abteilung für Kinder- und Jugendheilkunde am Klinikum Klagenfurt. Wir kennen uns lange, beruflich verband uns die Zusammenarbeit im Eltern-Kind-Zentrum.

Wie geht es zu in einem Kinderkrankenhaus?, mag man sich fragen. Prägend ist, dass gerade die kleinen Patienten besondere Rahmenbedingungen und Fürsorge brauchen. So viele Erlebnisse, schwere Fälle und insbesondere der Tod von Kindern berühren ungemein, das kann man auch als Primar nicht wegstecken.

Das Wissen, dass Kinder genauso von Krebs oder Gen-Defekten betroffen sind wie Erwachsene und auch daran sterben, hat das Weltbild verändert. Gesprochen haben wir über diese Fälle aus medizinischer Sicht, aber nie wirklich über den Tod in Zusammenhang mit Kindern. »Der Tod ist für mich etwas, das zum Leben dazugehört«, sagt Wilhelm Kaulfersch. »Im Laufe des Lebens hat er eine klarere Bedeutung bekommen.«

Als Mediziner kann einem der Tod nicht verborgen bleiben, da man berufsbedingt miterleben muss, dass Menschen sterben. Viele Menschen machen diese Erfahrung in ihrem familiären Umkreis und ein Arzt oder eine Krankenschwester – jeder, der im Krankenhaus zu tun hat – erlebt das direkt mit. Jeder Mensch, der über den Tod nachdenkt, fängt auch irgendwann an, über das Leben nachzudenken. Es wird einem spätestens dann bewusst, dass man nur dieses eine Leben hat. Für den einen ist es ein gottgefälliges Leben, ein anderer sagt, er will zumindest ein vernünftiges Leben führen. Man wird sicher mehr über das Leben, den Inhalt des Lebens, die Wertigkeit des Lebens nachzudenken beginnen, wenn man sich mit dem Tod auseinandersetzt. So hat der Tod eigentlich etwas Aufforderndes: Mach was aus deinem Leben!

Aber das sagt sich so leicht. Manche Situationen sind so schrecklich, dass wir den Sinn des Lebens infrage stellen.

Für Eltern ist das Versterben des eigenen Kindes das Schlimmste, was ihnen passieren kann. Viele Eltern sagen, dass es ihnen lieber gewesen wäre, wenn sie selbst gestorben wären und das Kind dafür leben könnte. So wertvoll ist dem

Vater und der Mutter das Kind. Es ist eine riesige Katastrophe und psychisch vernichtend. Natürlich versucht man als Arzt, im Rahmen des Verhältnisses zwischen Arzt und Patienten, den Eltern größtmögliche Unterstützung zu bieten. Das braucht aber eine gewisse Zeit. Auf der Kinderkrebsstation lernt man die Kinder und Eltern im Laufe der Wochen, Monate und Jahre kennen, dann besteht meist ein gutes Arzt-Patienten-Eltern-Verhältnis, man ist für die Familie eine vertraute Person. Aus dieser Position heraus ist viel Unterstützung möglich. Stück für Stück geht man den Weg von der Angst und Verzweiflung in Richtung Hoffnung auf Heilung. Die Begleitung durch eine Psychologin ist oft zu wenig. Einfach zu sagen, hier ist ein Psychologe, der redet mit den betroffenen Eltern, reicht nicht.

Man hat immer wieder gesehen, dass Eltern, neben allen anderen Unterstützungen, vor allem einen kompetenten Arzt haben wollen, dem sie ihr Kind medizinisch anvertrauen können. Der Arzt ist für das Gesundmachen des Kindes verantwortlich und daher die Hauptperson. Ärzte müssen sich viel mehr einbringen, weshalb man dieser ärztlichen Verantwortung dem Patienten und seiner Familie gegenüber in der Ausbildung viel mehr Wert beimessen sollte. Ärzte arbeiten in der Diagnose und der Therapie sehr intensiv mit Patienten, aber wenn der Patient stirbt, ist der Arzt meist nicht da, sondern woanders im Krankenhaus, zu Hause oder im Urlaub.

Kinderspitals-Experte Kaulfersch sieht den Tod trotzdem nicht als Gegner. »Ich habe mich nie, weder als junger Arzt noch als zunehmend erfahrener Mediziner, als Gegner des Todes gesehen, das wäre vermessen. Der Tod ist die einzige endgültige Konsequenz für alle Menschen. Man kämpft nicht gegen den Tod, man kämpft gegen die Krankheit. Man will die Krankheit mit der eigenen medizinischen Kompetenz bestmöglich behandeln und den Menschen gesund machen. Ich würde nicht einmal die Krankheit als Feind bezeichnen, die Krankheit ist vielmehr eine Tatsache und als Arzt versuchst du, sie zu eliminieren. Leider ist der Krankheitsverlauf in gewissen Fällen, auch bei Kindern, so, dass sie daran versterben können, wenn auch glücklicherweise selten. Ich war viele Jahre an der Kinderkrebsstation der Kinderklinik in Graz tätig und habe den Tod von Kindern erleben müssen. Kinder sterben an unterschiedlichen Erkrankungen. Einige schon bald nach der Geburt an angeborenen Erkrankungen, andere weil sie einen Unfall erlitten haben.«

Es bleibt einem immer in Erinnerung, wenn man das erste Mal miterlebt, dass ein Kind stirbt.

»Jeder Arzt erlebt dieses erste Mal. Auf einmal ist dieser, *sein* Patient tot. Damals war ich noch ein junger Doktor. Ich kann mich noch genau daran erinnern. Ich habe meine Ausbildung 1979 an der Uni-Klinik Graz begonnen. Ab 1980 war ich auf der Kinderkrebsstation tätig. Und da war ein an Leukämie erkranktes Mädchen, das zweimal einen Rückfall hatte. Und irgendwie hat es sich abgezeichnet, dass man sie mit immer stärkerer Chemotherapie nicht mehr gesund machen kann. Ich war ihr Lieblingsdoktor. Weil ich es zusammengebracht habe, den Venenzugang immer beim ersten Stich zu legen. So hatte sie weniger Schmerzen, und wenn sie etwas brauchte, hat die Kleine immer nach mir verlangt. Als sie plötzlich starb, war es mit meiner Beherrschung vorbei, ich habe geweint. Die Mutter kam zu mir und sagte: ›Ja, aber Herr Doktor, jetzt weinen Sie, obwohl Sie ja derjenige sein sollten, der mich tröstet, nicht umgekehrt.‹ Ich sagte ihr, dass es mir so leidtäte, ich mir aber nicht helfen könne, da auch ich dieses

Kind so gern gehabt habe. Und dann hat sich dieses Gefühl langsam gelöst und wir haben uns gegenseitig getröstet.«

Diese Situationen sind keine nebensächlichen beruflichen Episoden, sondern Ereignisse, die sehr nahegehen. Es tut immer noch weh. »Persönlich ist man ja auch Vater und Opa und daher kann man sich sehr gut in diese Hilflosigkeit der Eltern hineinfühlen.« Wenn jemand stirbt, ist es katastrophal. Leiden müssen die Hinterbliebenen, Angehörigen und Freunde. Der Verstorbene selbst ist ja, wie man sagt, von seinen Leiden erlöst. Man sieht als Konsequenz des Versterbens eines Kindes oft auch das Zerbrechen einer Ehe, eines Familienverbands. Häufig kümmert sich ein Familienmitglied besonders um das erkrankte Kind, in der Regel ist das die Mutter, und alle anderen Verpflichtungen werden dem kranken Kind untergeordnet, andere Kinder in der Familie vernachlässigt. Es gibt oft keine Wahlmöglichkeit. Etliche Ehen sind kaputtgegangen. Andere Eltern kommen ein Leben lang nicht über den Tod ihres Kindes hinweg.

»Ich habe mich immer bemüht«, sagt Prof. Kaulfersch, »zu vermitteln, dass das verstorbene Kind immer ihr Kind sein wird. Dass es immer da sein wird. Und dass dieses Kind möchte, dass es ihnen gut geht. Ich habe ihnen gesagt: Ihr werdet jeden Tag an das Kind denken und das Kind wird immer bei euch sein, aber ihr lebt trotzdem weiterhin in Klagenfurt oder Graz. Ihr müsst eure Arbeit machen und die anderen Kinder sind auch eure Kinder, um die ihr euch kümmern müsst. Ihr habt für sie zu wenig Zeit gehabt.«

Im Laufe der Zeit, nicht am Anfang, soll man Eltern sogar ermutigen, wieder ein Kind zu bekommen, da sie so wunderbare Eltern sind und sich jedes Kind freuen würde, solche Eltern zu haben. Am Kinderspital in Klagenfurt hat eine Oberärztin zusammen mit den Kinderkrankenschwestern einmal im Jahr für die betroffenen Familien eine Feier zum Andenken an die verstorbenen Kinder organisiert. Diese kurze Zeit des Aufeinander-Zugehens aller Betroffenen war ein tief gehendes Erlebnis für alle. Es ist sehr wichtig, dass das Krankenhaus, die Ärzte und Schwestern auch nach dem Ableben des Kindes für die Eltern da sind, da die meisten Eltern sehr lange brauchen, mit dem Tod ihres Kindes Frieden zu schließen.

Besonders schlimm ist es, wenn man nicht die Möglichkeit hat, beim sogenannten Übergang dabei zu sein und sich verabschieden zu können. Bei einem plötzlichen Tod, etwa nach einem Unfall. Hier trifft es die Angehörigen unvorbereitet, viele brauchen eine Krisenintervention, psychologische Hilfe. Das Dabeisein ist so wichtig für alle Angehörigen. Wenn es irgendwie geht, muss man den nötigen Raum schaffen. Gerade der Umgang in der Corona-Zeit hat das viel zu wenig respektiert. Aus Angst vor einer möglichen Ansteckung hat man die Eltern von ihren todkranken Kindern teilisoliert.

Wie spricht man eigentlich mit Kindern über den Tod? Soll man das überhaupt? Ja, unbedingt. Natürlich abhängig vom Alter. Ein Kind geht von der Geburt bis zum achtzehnten Lebensjahr durch vielfältige Veränderungsprozesse. Von einem zweijährigen Kind kann man nicht verlangen, dass es den Tod versteht. Aber es beginnt im Vorschulalter, bei den Drei- bis Sechsjährigen, die bekommen den Tod schon indirekt mit. Diese Kinder sehen sich zwar noch im Zentrum ihrer eigenen Welt, aber sie erleben den Tod in ihrer Erfahrungswelt, weil sie bemerken, dass Pflanzen verwelken, dass ihre Katze nicht mehr aufwacht und herumhüpft. Sie sitzen vor dem Fernsehapparat und sehen, dass herumgeballert wird und jemand zusammenbricht. Man kann mit diesen Kindern sehr wohl über den Tod sprechen. Die Katze ist gestorben, das braucht eine Erklärung. Das Kind hofft, sie schläft nur und wird wieder aufwachen, aber nein, das braucht eine Erklärung. So auch, dass es Krankheiten gibt, bei denen man einschläft und nicht wiederkommt. Volksschulkinder haben dann schon eine konkrete Vorstellung vom Tod. Gerade hier ist es notwendig, über den Tod zu sprechen. Um die Kinder mit dem Thema nicht zu sehr zu verängstigen, soll man ihnen zu verstehen geben, dass der Tod nicht jeden einfach so treffen kann und nicht jede Krankheit oder jeder Unfall den Tod bedeutet, weil sie sonst sofort befürchten, dass auch Mutter oder Vater davon betroffen sein könnten. Kindern muss man die Sicherheit geben, dass ein plötzlicher Tod vermeidbar ist und man schon sehr, sehr krank oder sehr, sehr alt sein muss, bevor man stirbt.«

Wo die Stille wohnt

Wer keine innere Ruhe findet, wird krank. Das kann mit der Zeit Herzinfarkt, Bluthochdruck, Schlaganfall, Schlafstörungen, Magengeschwüre und Erkrankungen der Schilddrüse auslösen.

Die Stresshormone Cortisol und Adrenalin reduzieren die Aktivität der Abwehrzellen und schwächen das Immunsystem, die Blutgefäße werden geschädigt, eine vorzeitige Arteriosklerose wird eingeleitet. Bei einem Mangel an seelischer Erholung wird der Botenstoff Interleukin-6 verstärkt ausgeschüttet, was Entzündungen begünstigen kann und die Gefahr für Herz-Kreislauf-Erkrankungen, aber auch für Diabetes und Osteoporose erhöht.

Studien beweisen, dass Menschen, die innere Ruhe aufbauen können, bessere gesundheitliche Werte haben. Dazu gehören all jene, die regelmäßig zur Kirche gehen und beten. Beten ist die älteste Therapie der Menschheit, hörten Mediziner bei einem Kongress der *American Heart Association* im Jahr 2020. Beten versetzt uns in einen Ruhezustand: Wir atmen ruhiger, bauen Stress ab. Das hat einen positiven Effekt auf das Herz-Kreislauf-System und fördert die körpereigene Abwehr. Deshalb sehen Herzspezialisten, Neurologen, Krebs- und Immunforscher im Glauben auch Chancen, neue Therapieformen zu entwickeln.

Das Gebet ist in allen Religionen die einfachste Form der Spiritualität, es ist die bewusste Hinwendung zur Transzendenz. Eine Möglichkeit, die Kluft zwischen Geschöpf und Schöpfer zu überwinden. Beten entspringt dem urmenschlichen Bedürfnis, sich in Anbetracht seiner Endlichkeit, Beschränktheit und Gebrechlichkeit einer übernatürlichen Macht anzuvertrauen.

Das deutsche Wort »beten« ist indogermanischen Ursprungs und bedeutet »um etwas bitten«: In der christlichen Frohbotschaft wird ausdrücklich auf diese Funktion des Bittens hingewiesen – »Bittet, dann wird euch gegeben.« Gebete, gesprochen oder gedacht, gelten als ursprünglichster Ausdruck der menschlichen Herzenskraft, des Gemüts, der sich nach christlichem Verständnis direkt an ein persönliches Gegenüber wendet, an Gott, seinen Schöpfer, dem man sich bedingungslos anvertrauen kann.

Eine Besonderheit ist das Stoßgebet, ein jäher, oft unwillkürlicher Aufschrei oder eine simpel gesprochene Formel in einer außergewöhnlichen Gefahrensituation oder bei einer Schmerzattacke. Wesentlich ist die Intention: Wofür oder für wen soll gebetet werden? Soll der Mensch allein für sich und sein Wohl beten, soll er in der Gemeinschaft nicht nur für sich selbst, sondern auch für das Glück anderer beten? Wirkt sich das auf seine Heilung aus?

In groß angelegten Studien kam man zu dem Schluss, dass Beten anderer für Patienten mit Herzproblemen keinen positiven Effekt hat. Andere Studien ergaben allerdings, dass allein die Einstellung zur Krankheit, die Glaubensstärke und das persönliche Gebet Patienten schneller gesund werden lassen als Patienten ohne Glauben.

Im Gebet verlangsamen sich die Atemfrequenz und der Pulsschlag, die Konzentration richtet sich auf die innere Ruhe, wodurch sich natürliche Rhythmen synchronisieren lassen und im Gehirn Endorphine ausgeschüttet werden wie bei einem Glückswasserfall.

Buddhisten kennen übrigens keinen Schöpfergott. Alle Erscheinungen der Welt – Menschen, Tiere, Pflanzen, Steine und alles andere – werden nicht als Schöpfung einer übermenschlichen Figur gesehen, sondern sie entstehen nach deren Vorstellung aus der Daseinsgesetzlichkeit von Ursache und Wirkung. Alles menschliche Tun, Glück und Leid hängt von diesem Tun und Lassen ab, denn erst mit dem Denken, Reden und Handeln erschafft sich jeder nach buddhistischer Auffassung seine Karma-durchwobene Welt. Eine Realität, für die jeder für sich selbst und für andere die Verantwortung tragen muss.

Buddha, so glaubt man, ist nach seinem Tod in das Nirwana eingegangen und hat zu existieren aufgehört. Deshalb wäre es an sich auch nicht sinnvoll, von ihm Beistand zu erwarten und zu erbitten. Allerdings soll nach anderen Vorstellungen Buddha das Eingehen ins Nirwana aufgeschoben haben, um als sogenannter Bodhisattva allen Noch-nicht-Erlösten den Weg zur Erleuchtung zu weisen.

Die spirituelle Praxis der Buddhisten erscheint, von außen und mit westlichen Augen betrachtet, wie ein Beten, es ist aber eher ein innerer Dialog. Mit dem Ziel, Geist und Seele ruhig werden zu lassen, die eigene Motivation und Haltung zu reinigen und zu verbessern. Beten im buddhistischen Sinn ist als ernsthaftes Bemühen zu verstehen, eine heilsame Einstellung zum eigenen Leben und zu seinen Mitmenschen zu entwickeln. Trotzdem beten Buddhisten oft morgens und abends vor dem Hausaltar.

Dieses Beten ist keine Anrufung höherer Mächte, sondern vielmehr eine Selbstreinigung und Stärkung. Buddhisten benützen zu diesem Zweck und zum Zählen der Mantras bei der Meditation eine Gebetskette mit 108 Perlen, entsprechend den 108 Bänden der gesammelten Lehre Buddhas.

Die buddhistische Lehre kennt unsichtbare Wesenheiten, die über besondere, übermenschliche Fähigkeiten und Qualitäten verfügen. Diese Gottheiten, Schutzgeister und Dämonen sind nicht unsterblich, sondern ebenso unvollkommen und erlösungsbedürftig wie die Menschen, weil sie den Wandlungen der Welt unterworfen sind. An sie kann sich der Gläubige – wie im Christentum an Engel und Heilige – wenden, um Rat, Unterstützung und Schutz zu erbitten. Wenn Gebete an Buddha selbst gerichtet sind, gelten sie als Lobpreisungen für die Tugenden des Erhabenen. Das Drehen der Walzen von Gebetsmühlen soll das Karma verbessern, Leiden verhindern und Glück bringen. Wobei jede Umdrehung einem Gebet gleichkommt, als ob man es selbst gesprochen hätte.

Wie auch immer. Meditation ist zugleich Weg und Ziel; sie weist den Weg; sie ist Ziel, soweit sich durch sie das absolute Bewusstsein erschließt.

Bewusstes Atmen ist ein guter Anfang. Oder laufen gehen. Einen Sonnenaufgang erleben. Im Wald spazieren. Einen Partner innig küssen. Aus ganzem Herzen lachen. Nachdenken über das Leben. Die Zeit, das Gestern, das Morgen. Ideen haben, wie man sich als Mensch verbessern kann. Der Versuch, strukturiertes Denken aus dem Alltag zu verbannen. Wir Ärzte machen das regelmäßig. Nur so kommt man über die Runden. Die Kirche nennt das Häresie.

Das Verlangen nach persönlicher spiritueller Erfahrung, das dem Versuch der Selbsterlösung gleichkommt, die eines kirchlichen Beistands nicht bedarf, wurde früher gebrandmarkt und geahndet. Heute entspricht der Versuch einer Selbsterlösung dem modernen individualistischen, weit verbreiteten Wunschdenken. Deshalb wächst im kirchlichen Umfeld das Interesse an Spiritualität und man bemüht sich, auch wieder aus dem Fundus traditionell christlicher Meditation und Kontemplation zu schöpfen, um so Gläubige wieder an kirchliche Institutionen zu binden. Zu viele Leute kehren diesen den Rücken.

Meditation und Kontemplation waren besonders im Mittelalter neben dem gemeinsamen Gebet ein integraler Bestandteil des klösterlichen Alltags. Laien blieben allgemein von den höheren Spiritualitätsformen ausgeschlossen, obwohl das gemeinsame Beten in den christlichen Familien und Gemeinschaften gepflegt wurde. Vielleicht haben sich gerade deshalb die Menschen, die den traditionellen Kirchen den Rücken gekehrt haben, als spirituelle Wanderer auf dem Supermarkt weltanschaulicher Alternativangebote umgesehen, um dort Anweisungen für ein erfülltes Leben zu suchen und auch zu finden. Den Menschen, die heute zwar ein großes Interesse an Meditation und Spiritualität entwickelt haben, aber weniger an religiöse Erfahrungen denken, geht es vorrangig um individuelles Wohlbefinden. Um Wellness im Kopf.

Glaube heißt vieles. Vertrauen, Zuversicht, auch das Zutrauen an mich als Mensch. Der deutsche Philosoph Richard David Precht sagt dazu: »Man muss sich selbst mögen, um die Welt zu mögen.« Unterschreiben wir sofort. Wer an etwas glaubt, beweist soziale Kompetenz und hat die Kraft, auf andere zuzugehen.

Durch das Beten werden Hirnregionen angeregt, die sonst brachliegen. Meditation setzt weniger Entzündungsstoffe, Interleukine, frei, dafür Endorphin, Dopamin, Cannabinoid – Substanzen, die in der Placeboantwort eine große Rolle spielen und auch im Glücksstatus eine Rolle spielen. Der körpereigene Chemiebaukasten schüttet sozusagen »Leckerli« aus, damit es dem Menschen besser geht.

Der sogenannte Vagusnerv wird gestärkt. Das wiederum bewirkt einen niedrigeren Blutdruck und in weiterer Folge ein geringeres Risiko, einen Herzinfarkt oder einen Schlaganfall zu erleiden, und vermeidet Schlafstörungen, Magengeschwüre und chronische Schmerzerkrankungen. Es ist der Placeboeffekt, der wirkt.

Beim Beten ist man im Dialog mit Geist, Seele, Körper.

Der Glaube kann heilen.

In der Schmerztherapie geht es darum, einen Sinn zu suchen. Die Rückwärtssuche steht im Dienst der Vorwärtssuche. Dann kann man auch den Schmerz leichter bewältigen. Der Schmerz ist zwar da, aber es gibt auch einen neuen Lebenssinn, eine Vorwärtssuche im Sinn der Spiritualität.

Menschen, die regelmäßig Messen mitfeiern, haben übrigens eine niedrigere Tendenz zu Diabetes, Bluthochdruck und koronaren Herzerkrankungen.

Religion beeinflusst das Leben, das soziale Gefüge, das Denken. Im Rahmen einer Untersuchung bei Covid-19-Patienten hat sich gezeigt, dass Menschen, die eine gering ausgebildete Spiritualität haben, mehr Angst vor dem Sterben haben und größere Furcht, zu erkranken. Patienten mit einem Sinn für Spiritualität waren viel ruhiger.

Menschen, die gläubig sind, können schockierende Erlebnisse besser verarbeiten und sind weniger anfällig für Erkrankungen. Das Gleiche gilt für Personen in einem intakten Familienverband. Bei einer diesbezüglichen Untersuchung haben Forscher Ehepaaren im Rahmen eines freiwilligen Versuchs kleine Wunden zugefügt und dabei Folgendes festgestellt: Bei Ehepaaren, die miteinander verständnisvoll umgehen, die sich des Vertrauens zueinander sicher sind, heilten die Wunden schneller als bei Ehepaaren, die Konflikte hatten und kein gegenseitiges Vertrauen aufbrachten.

In unserem Job gilt die Formel: (Arzt = Patient) x Einfühlungsvermögen x Behandlungszeit = Heilung[2]

Beim Glauben lautet die Formel: (Vertrauen = Zutrauen in eigene Person) x spirituelles Vertrauen x Immunsystem = Heilung[3].

Wir wünschen gute Besserung!

Alternative Abschiedsmöglichkeiten

In Frieden ruhen muss man nicht im Grab oder in der Urne. Wer sein Leben lang als Exzentriker galt, will auch nach dem Finale nicht als fader Zipf in die Ewigkeit eingehen. Daher haben sich Unternehmen findige Lösungen überlegt, um den Abtritt von der Bühne des Lebens besonders spektakulär zu gestalten.

Zum Beispiel mit einer Weltraumbestattung. In den USA bietet das Unternehmen Celestis »Memorial Spaceflights« an. Die letzte Mission ins All kostet zwischen 8.000 und 25.000 Euro. Nach der Feuerbestattung wird die Asche der Verstorbenen in kleine Kapseln gefüllt und mit einer Rakete in den Kosmos geschossen. Bei den preiswerteren Angeboten fallen die Urnen mitsamt Inhalt zurück zur Erde und verglühen in der Atmosphäre. Seit Jänner 2021 kann man seine Überreste aber auch in Mikro-Urnen auf einer zweistufigen Falcon-9-Trägerrakete in eine Umlaufbahn synchron zur Sonne schicken. Gebaut im Werk von SpaceX, der Firma von Elon Musk, Tesla-Gründer und reichster Mann der Welt.

Auch für Fußballfans gibt es eine finale Freude. Weltweit werden im Jahr rund 25.000 Fanbestattungen durchgeführt. Namhafte Vereine wie Manchester United bieten verschiedenste Möglichkeiten an. Anders als in Österreich darf in England die Asche des Verstorbenen auf dem heiligen Rasen im Stadion verstreut oder hinter der Torlinie beigesetzt werden. Der ultimative Kick.

In Japan zelebriert man die traditionelle Totenwache. Der Verstorbene wird in einen weißen Kimono gehüllt und mit weißen Tüchern bedeckt. Die Trauergäste können Geld auf einem Altar hinterlegen, um die Beisetzung zu finanzieren. Das kann nie schaden. 17.000 Euro kostet in Japan durchschnittlich eine solche Bestattung.

Blutiger geht es in Papua-Neuguinea zu. Das Volk der Dani stellt unter rhythmischem Getrommel die Frauen und Kinder des Verstorbenen in einem Kreis zusammen. Auf Geheiß des Stammesältesten wird jedem Verwandten ein Finger abgeschnitten. Die Amputation soll die Geister gnädig stimmen und dem Leid Ausdruck verleihen.

In Madagaskar zelebriert man die sogenannte Famadihana, und zwar erst Jahre nach der eigentlichen Bestattung. Alle Leute aus dem Dorf tanzen bei dem Fest mit den Toten, um den Vorfahren Respekt zu erweisen. Sie exhumieren die Leichen und ersetzen die vergammelten Laken durch neue Seidentücher. Dazu gibt es Live-Musik und ein Festmahl am Lagerfeuer.

Die Inder enden im Ganges. Die traditionelle hinduistische Feuerbestattung findet seit Jahrtausenden in besonderen Kremationsstätten statt. In Varanasi etwa errichtet man Scheiterhaufen direkt am Ufer des heiligen Flusses. Jedes Jahr wird die Asche von rund 100.000 Menschen im Ganges beigesetzt. Auf diese Weise erhalten die Toten die Lossprechung und können dem beschwerlichen Kreislauf von Tod und Wiedergeburt entkommen. Frauen dürfen die Kremationsstätten nicht betreten.

Das Volk der Toraja auf der indonesischen Insel Sulawesi hat eine sehr aufwendige und kostspielige Begräbnistradition. Während die Angehörigen oft über Jahre hinweg das Geld für die Feierlichkeiten sammeln, wird die einbalsamierte Leiche des Verstorbenen im Haus aufbewahrt. Die Beerdigung feiern die Menschen dann als mehrtägiges Fest. Auf dem Menü stehen Wasserbüffel und Schweine. Ihre letzte Ruhestätte finden die Stammesmitglieder in Gräbern, die in Felswände gehauen wurden.

In Afrika geht's bunt zu. Sargbauer aus Ghana erschaffen fantasievoll gestaltete Modelle in allen Farben, bunt lackiert und außergewöhnlich. Jeder Sarg ein Unikat. Die Formen sind durchaus skurril und weisen auf den Beruf oder die Interessen des Verblichenen hin. So werden die Leute in riesigen Fischen, Flugzeugen, Flaschen oder Früchten beerdigt. Je nachdem, ob man Fischer, Buschpilot, Wirt oder Obstbauer war. Die Spezialanfertigung kostet für Einheimische umgerechnet 360 Euro, was dem durchschnittlichen Jahreseinkommen in Ghana entspricht.

Auf dem Dach der Welt begraben zu werden, ist nichts für Zartbesaitete. Die tibetische Tradition der Himmelsbestattung sieht ein für unsere Breitengrade ziemlich makabres Ritual vor: Die Zeremonienmeister zerteilen den Verstorbenen und warten, bis die Aasgeier kommen und die Überreste fressen. Diese Gepflogenheit gab es auch in der Mongolei und in Indien. Im Buddhismus bedeutet der Tod den Punkt des Übergangs von diesem ins nächste Leben. Die Seele des Verstorbenen trennt sich in den Tagen vor der Bestattung durch rituelle Lesungen aus dem tibetischen Buch der Toten von ihrem Körper und macht sich dann auf den Weg zum nächsten Körper.

Es gibt aber auch noch ganz andere Möglichkeiten.

So kann man sich etwa als Sanduhr verewigen lassen. Nach der Feuerbestattung kümmert sich die Firma In The Light Urns um alles. Das Rieseln der Zeit mit besonderer Asche kostet 320 Euro.

Oder man lässt sich zu einem Diamanten pressen. »Ein Symbol der Liebe« nennt's zum Beispiel die Firma Algordanza. Ab 4.500 Euro funkelt das Ergebnis der Diamantbestattung als Ring oder Kette. Das Verfahren ist aufwendig. In einem mehrmonatigen Prozess entsteht aus der Asche ein Edelstein.

Der Diamant ist weiß bis bläulich. Die Rohdiamanten werden in Handarbeit geschliffen und poliert. Verschiedene Schliffe und unterschiedliche Formen sind möglich. Man kann die Steine auch mit einer Gravur versehen. Erinnerungsdiamanten werden in einer Holzschatulle überreicht, ein Zertifikat garantiert die Echtheit.

Aber es gibt noch schrägere Lösungen. Manche Leute lassen sich die Asche eines geliebten Menschen in Teddybären stopfen, um weiterhin kuscheln zu können.

Als Toter kann man sogar zu einem Tattoo werden. Ausgewählte Studios bieten diese Leistung an. Die Asche wird mit der Tinte vermischt und sorgt für Erinnerungen, die unter die Haut gehen.

Musikliebhaber können sich nach dem Tod als Schallplatte weiterdrehen. Die Firma Andvinyly macht aus Asche Vinyl. Auf diese Art verwandelt sich jeder Hobbysänger in Frank Sinatras *My Way*. Man kann das Testament aufsprechen oder den Liebsten eine Botschaft hinterlassen, halt immer dieselbe Leier ... Alles ist möglich. Die Firma organisiert auch sogenannte FUNerals, preislich fängt es da bei 10.000 Pfund an.

Oder man wird zum Bleistift. Eine Designerin hat ein 240-Stifte-Set entworfen, in dem jeder Bleistift die Asche eines anderen Menschen beinhaltet. Auf dem Schreibgerät stehen Name, Geburts- und Sterbejahr. Spitze! Und es gibt einen Flugsarg namens Hugo. Das ist die Abkürzung für Human Gone und bezeichnet in der Fachsprache den Lufttransport einer Leiche oder eines Passagiers, der während des Fluges über den Jordan ging.

Im Angebot stehen außerdem Urnen aus Granulat, die im Meer versenkt werden können, speziell für Taucher. Die GPS-Daten werden den Angehörigen bekanntgegeben, dann wissen diese immer, wo der Betroffene gerade im Meer treibt.

Außerdem wären da noch Urnen aus verflüssigtem Holz. Diese werden bei Friedensforsten beigesetzt und lösen sich dann von selbst auf.

Man kann die Urnen auch daheim beisetzen, auf einem privaten Grundstück, das dementsprechend von der Behörde gewidmet werden muss, oder sogar in einer Wohnung – der besondere Platz braucht eine Einzelgenehmigung der Magistratsabteilung 40. Wenn das Haus dann verkauft wird, kauft man den Friedhof mit.

Darf man in Österreich die Asche eigentlich verstreuen, wie man das von rührenden Filmen her kennt? Grundsätzlich nicht. Laut geltenden österreichischen Bestattungsgesetzen ist das untersagt und wird mit bis zu 20.000 Euro bestraft. Wer aber wünscht, nach dem Tod verstreut zu werden, kann gesetzliche Schlupflöcher nutzen.

Für religiöse Vertreter wie auch für den Gesetzgeber verletzt das Verstreuen von Leichenasche die Würde des Verstorbenen und verstößt gegen Grundsätze der Pietät. Die katholische Kirche rechtfertigt das skurrile Verbot damit, dass Gebete den Verstorbenen nicht mehr erreichen würden. Dabei ist und bleibt die Asche jedes Menschen letztlich nur normale Asche. Das hat 2006 die Technischen Abteilung der Gartenbau-Berufsgenossenschaft festgestellt.

In den USA, der Slowakei oder in Holland ist das Verstreuen der Asche eher üblich. Die Bestattung Lichtblick zum Beispiel macht das in Österreich möglich. Während für das widerrechtliche Öffnen einer Urne in Niederösterreich bis zu 500 Euro und in Wien gar bis zu 20.000 Euro Strafe drohen, darf der Bestatter den Angehörigen einen geringen Teil der Leichenasche übergeben. Dieser Teil unterliegt keiner weiteren Regelung, wie das Gesetz ausweist. Gegen eine Gebühr von 250 Euro an die Gemeinde, die den Streckenabschnitt verwaltet, können sich Menschen nach ihrem Tod im niederösterreichischen Teil der Donau verstreuen lassen. Eine weitere Möglichkeit: Die Urne wird von einem ausländischen Bestatter angefordert und ist nach der Überführung ins Ausland dann keine österreichische Urne mehr. Die beste Anlaufmöglichkeit dafür ist die Slowakei. Aufgrund der liberaleren Gesetzeslage können Angehörige das Gefäß straffrei öffnen und die Asche nach Belieben verstreuen.

Bei Särgen sind alle Modelle möglich. Ebenso bei der Aufbahrung. Bei Orthodoxen wird das Kreuz weggegeben, sonst bleibt das Kreuz drauf. Zeugen Jehovas wollen keine Kerzen.

Kurz zu geschichtlichen Kuriositäten: Joseph II. führte 1785 in Österreich den Klappsarg ein, auch Sparsarg genannt. Das Teil war wiederverwendbar. Der Sarg wurde aufgeklappt, dann fiel die Leiche in das Grab und der Sarg konnte weiterverwendet werden. Aus Kostengründen. Später erfand man einen Sitzsarg fürs Knotzen bis in alle Ewigkeit. Das Modell hat sich aus Gründen der Praktikabilität dann aber doch nicht durchgesetzt.

In ein Grab passen bis zu vier Särge übereinander. Läuft das bezahlte Nutzungsrecht für eine Person oder Familie aus, werden die Gebeine ausgegraben, in eine kleine Kiste umgebettet und ganz unten wieder eingegraben, danach kommen neue Särge drüber. Somit liegen auf dem Wiener Zentralfriedhof in 150.000 Gräbern die sterblichen Überreste von etwa drei Millionen Menschen.

Bei einer Verabschiedung in Wien reicht der Bestatter den Angehörigen vor dem Grab eine kleine Schaufel mit Erde, die diese dann in das Grab werfen; die Angehörigen legen im Gegenzug etwas Geld in die Hand des Bestatters. In Kärnten gibt es im städtischen Bereich 70 Prozent Feuerbestattungen, die Tendenz bei den Särgen geht in Richtung einfache Holzsärge aus Lärche, Kiefer oder Pappe. Bei der Verabschiedung ist alles möglich, zum Beispiel eine Golfbestattung mit Golfbällen und einem Vierer-Eisen oder eine Segelschiff-Bestattung. Das Ganze mit Musik, Licht, Livestream. Es soll keine Verbrennung ohne Verabschiedung stattfinden. Der Leichnam wartet im Kühlraum, bis alles vorbereitet ist.

Bestattungsinstitute bieten auch Führungen für Schulen und Seniorenheime an: »Der letzte Ausflug – humorvoll«.

Vorsorge ist erwünscht. Man kann schon zu Lebzeiten sein Begräbnis organisieren. Etwa eine Versicherung abschließen und die Verabschiedung als Event planen. Die Versicherung kostet 15 Euro pro Monat, ab dem dritten Jahr ist man voll versichert. Zudem gibt es eine Partner-Urne, wo der Mann sich jetzt rechts und die Frau später links legen kann. Oder umgekehrt. Wie im Bett.

Man kann die letzte Reise auch aufs Wasser verlegen und eine Seebestattung zelebrieren. Dafür wird die Asche in einer speziellen See-Urne aus auflösbarem Material nach seemännischen Bräuchen im Rahmen einer Trauerfeier oder still der See übergeben. Der Kapitän spricht die Trauerrede. Die genauen Koordinaten der Position der Seebestattung werden in das Logbuch eingetragen. Auf Wunsch erhalten die Angehörigen eine Urkunde mit diesen Koordinaten und einen Auszug aus dem Logbuch des Beisetzungsschiffes.

Und dann ist auch noch ein Ende als brennende Lohe möglich. Das Krematorium Villach etwa zählt 4.500 Einäscherungen pro Jahr, 12 bis 14 pro Tag. In den Ofen, in dem 30 bis 40

Tonnen Schamott verbaut sind, kommt der Sarg bei 850 Grad, bei über 1.000 Grad entzündet er sich durch die Hitze. In jeden Sarg kommt ein nummerierter Schamottstein, damit man weiß, zu welchem Toten die Asche gehört. Der Sarg brennt und es beginnt die Kremation. Metallteile werden schon zuvor vom Sarg heruntergenommen, künstliche Gelenke erst nach der Kremation entfernt. Ein Ofen heizt mit Strom, ein anderer mit Gas. Dann beginnt eine chemische Reinigung mit Aktivkohle. Abschließend kommt die Asche in die Kühlkammer und kühlt von 1.100 auf 100 Grad ab. In einer Aschenmühle wird die Asche schließlich gemahlen und rieselt dann in die Urne.

Feuerbestattungen sind im Regelfall nur bis 200 Kilo Körpergewicht möglich. Der schwerste bisher im Sarg Bestattete wog übrigens 350 Kilo. Dafür musste sich die Bestattung Wien einen Kran vom städtischen Steinmetzbetrieb ausborgen.

Leute mit mehr Geld können sich ein Mausoleum errichten lassen. Namensgeber für dieses letzte Prunkstück ist das Grabmal des Maussolos, das sogenannte Maussoleion in Halikarnassos, heute Bodrum (Türkei). Maussolos war im 4. Jahrhundert v. Chr. Statthalter von Karien, der heutigen Westtürkei. Sein Grabmal zählt zu den Sieben Weltwundern der Antike. Es war fast 50 Meter hoch, verkleidet mit weißem Marmor – der Inbegriff architektonischer Schaffenskunst.

Heutzutage kostet ein Mausoleum in der einfachen Variante 150.000 Euro, mit ein paar Extras schnell 200.000 Euro und mehr. Dafür ruht man repräsentativ in 175 Kubikmeter Stattlichkeit und hat bei Weitem nicht den Mief einer Gruft. Nicht zu vergessen: der Blick auf den Friedhof. Grüner wohnen kennt kein Ablaufdatum.

Und die Blätter brennen

Von Land zu Land sind Bräuche nach dem Tod, wie wir gesehen haben, unterschiedlich. Länder und Völker haben verschiedene Traditionen, ihre Verstorbenen zu verabschieden.

In den Vereinigten Staaten bleibt der Sarg offen. Es ist üblich, die Leiche für eine Aufbahrung oder Trauerfeier am Sarg einzubalsamieren. Eine Alternative ist die Einäscherung. Die Asche wird so beigesetzt, wie es die Hinterbliebenen wünschen. Die Angehörigen können sie mitnehmen und je nach ihren spirituellen Bedürfnissen samt Urne beisetzen. Das passiert immer weniger auf Friedhöfen. Die meist großen Rasenflächen und genormten Steinplatten wirken unpersönlich.

Auf Kuba wird der Leichnam ebenso im Hause aufgebahrt, aber innerhalb von 24 Stunden entweder auf einer privaten oder einer staatlichen Grabstelle kostenlos beerdigt. Nach drei Jahren werden die Knochen umgebettet. Die Grabsteine sind verziert. Die Gräber werden mit Blumen geschmückt. Der berühmte Friedhof Cristóbal Colón in Havanna gilt als Pilgerstätte.

In der Schweiz werden die Toten oft in der Natur bestattet. Erd- und Feuerbestattungen sind möglich. Die Hinterbliebenen dürfen die Asche in der Natur verstreuen wie bei der Saat.

In Mexiko wird der *Día de los Muertos* (Tag der Toten) jedes Jahr vom 31. Oktober bis zum 2. November gefeiert. Die Toten kommen in dieser Zeit auf die Erde zurück, mit geschmückten Altären heißt man sie willkommen. Chilischarfe Speisen werden kredenzt und der Tequila darf nicht fehlen. Die Toten sollen es sich gut gehen lassen, bevor sie mit ihren Hinterbliebenen feiern. Alle Menschen beziehen den Tod mit ein, es gibt keine Demarkationslinie zwischen dem Hier und dem Danach, die Ebenen zwischen Diesseits und Jenseits sind aufgehoben.

Auf der Palliativstation haben wir übrigens ein eigenes Ritual ins Leben gerufen: die Blätterverbrennung.

Am 31. Oktober 2020 kamen 200 Angehörige vorbei. Sie alle nahmen teil an dieser Zeremonie. Auf der Station waren im Lauf der Zeit 90 Menschen verstorben. Und an ebendiesem Tag wollten wir ihrer gedenken.

Der Ablauf war feierlich. Erst wurden die Namen vorgelesen. Jeder einzelne Name wurde mit einer Füllfeder und mit blauer Tinte auf ein Blatt Papier geschrieben. Dann wurden die Blätter der Reihe nach verbrannt, langsam, ohne Hast, das Ganze begleitet von Musik und guten Gedanken. Erinnerungen an den jeweiligen Menschen. Anekdoten wie Kurzfilme im Gedächtnis. Nachdem alle 90 Blätter verraucht waren, baten wir zu einer Agape.

Die Angehörigen wussten das zu schätzen. Sie sagten, das sei ungewöhnlich für eine Palliativstation, ungewöhnlich herzlich. Das Ritual der Blätterverbrennung werden wir heuer wieder durchführen. Es ist eine besondere Art des Abschieds, zumal die Pflegerinnen und Pfleger einen Bezug zu den Patienten aufgebaut haben. Es ist, als würde man alten Menschen noch einmal die letzte Ehre erweisen.

Rituale zeichnen sich durch Handlungen aus, die immer gleich sind und nach einem bestimmten Muster ausgeführt werden. Sie beinhalten dramaturgische Elemente mit symbolhaften Inhalten. Um die Wirksamkeit zu erhöhen, verwendet man Bilder, Töne, Schweigen, Helligkeit, Dunkelheit, Farben und verschiedene Dinge, die Menschen berühren und bei ihnen nachhaltige geistige, manchmal auch starke körperliche Reaktionen auslösen.

Die Symbole haben direkten Bezug zu Sinnfragen des Lebens. Sie weisen auf einen Reifungs- und Wachstumsprozess hin, zeigen den Beteiligten aber auch, wo sie sich gerade befinden. Nur wer sich auf so ein Ritual einlässt, kann seine tiefe Bedeutung spüren und wird mit neuem Wissen und im besten Fall innerlich gestärkt fortan seinen Lebensweg gehen. Bei den Ritualen um das Sterben und den Tod geht dieses Fühlen und Erleben immer mit einer Erschütterung einher. Es hält einem die eigene Endlichkeit vor Augen.

Trauerrituale sind von Land zu Land und von Religion zu Religion verschieden.

Im Buddhismus glaubt man, dass der Körper eines Menschen nur geborgt ist, eine fleischliche Hülle, um auf der Erde etwas Sinnvolles zu tun. Stirbt ein Mensch, verlässt er seinen Körper und bekommt später einen neuen. Eine Feuerbestattung ist üblich. Während der Tote zu Hause liegt, dürfen keine Mahlzeiten zubereitet, sondern nur Tee und Kaffee gekocht werden. Freunde, Verwandte und Nachbarn sorgen für die Speisen zur Beerdigung. Es gibt keine fest gefügten Bestattungsrituale. Die Asche der Toten wird häufig dem Wasser übergeben. In Indochina und China sind auch Erdbestattungen üblich.

Hindus werden, wie gesagt, verbrannt. Ihre Asche wird in die heiligen Flüsse gestreut. Der Glaube an die Wiedergeburt verlangt nach einer Vernichtung der körperlichen Hülle, um die Seele für das nächste Leben zu befreien. Am vierten Tag nach der Verbrennung wird die Asche in einen heiligen Fluss gestreut. Können sich die Angehörigen kein Brennholz leisten, wird der Leichnam dem Wasser übergeben. Brahmanenpriester, Kinder und Schwangere werden erdbestattet oder einem heiligen Fluss übergeben, ihrer Wiedergeburt steht der Körper nicht im Weg.

Bei den Muslimen sollte der Tote, wenn möglich, noch am Sterbetag bestattet werden. Erst wird der Leichnam gebadet, danach in ein weißes Gewand gehüllt. Der Tote soll so gehen, wie er aus dem Mutterleib kam. Im Grab liegt er Mekka zugewandt. Eine Einäscherung ist verboten. Trauergäste stehen am Grab und sprechen Gebete, Grabsteine sind nicht üblich. In den ersten drei Tagen nach dem Tod wird die Familie von Gemeindemitgliedern umsorgt. In den 40 Tagen nach dem Tod soll die Familie Trauerkleidung tragen. Ihre Trauerzeit wird durch ein Essen, den Besuch des Grabes und das Verteilen von Spenden beendet. Ein Jahr nach dem Tod wird das Ritual noch einmal wiederholt.

Trauer und Rituale um den Tod sind mannigfaltig und werden im Christentum bereits eingeleitet, wenn es dem Ende zugeht. Früher Letzte Ölung genannt, heißt dieses Sakrament heute Krankensalbung. Klingt geschmeidiger. Für Katholiken bedeutet es eine Stärkung der Seele, die Trost, Frieden und Mut schenken soll. Die Vorbereitung für den finalen Weg.

Bei der heiligen Ölung wird der Kranke von einem Priester mit dem sogenannten Krankenöl gesalbt. Dieses Öl besteht aus Oliven- und Rosenöl und wird vom Bischof bei der Chrisam-Messe geweiht; es ist ein Symbol der Reinheit. Bei der Spendung des Sakraments salbt der Priester Stirn und Innenflächen der Hände des Betroffenen mit dem Krankenöl. Kurz vor dem Tod wird in einer Messfeier oder einem Wortgottesdienst die Sterbekommunion als Wegzehrung (lat.: *viaticum*) gereicht.

Ein anderes Ritual ist die Aussegnung. Sie bezeichnet eine kurze Andacht in der evangelischen Liturgie, bei der ein Sterbender oder bereits Verstorbener noch einmal gesegnet wird. Die Aussegnungsfeier gibt den Angehörigen die Möglichkeit, sich von dem geliebten Menschen zu verabschieden. Zu Beginn der Andacht spricht der Pfarrer den Friedensgruß, das biblische Votum und ein kurzes Gebet. Mit dem sogenannten Valetsegen oder Abschiedssegen wird der Sterbende oder Verstorbene noch einmal gesegnet. Nach einer Lesung aus der Bibel können die Angehörigen je nach Situation in aller Stille Abschied nehmen oder persönliche Worte des Dankes, der Liebe oder der Vergebung sprechen und Erinnerungen teilen. Wenn gewünscht, dürfen die Trauergäste ein Lied singen. Nach dem Vaterunser spricht der Pfarrer den Segen über alle Anwesenden. Amen.

Beim Empfang der Sterbekommunion oder bei Eintritt des Todes wird die Sterbekerze entzündet. Sofern vorhanden, kann das die Taufkerze oder die Kerze der Erstkommunion sein. Das Kerzenlicht soll dem Verstorbenen den Weg in die Ewigkeit erhellen und zu innerer Erleuchtung verhelfen.

Das Sterbekreuz, auch Festhaltekreuz genannt, wird einem Schwerkranken oder Sterbenden in die Hände gelegt, damit er im Moment des Todes Gott nahe ist und sich daran festhalten kann. Eine andere Variante ist das Sterbekreuz zum Aufstellen, oft in katholischen Krankenhäusern, Alten- und Pflegeheimen zu sehen. Das Sterbekreuz ist ein als Lazaruskreuz gestaltetes Kruzifix. Es zeigt den gekreuzigten Jesus. Die Enden der Kreuzbalken sind mit Kleeblättern verziert.

Kurz nach Eintritt des Todes wird oft das Fenster geöffnet oder gekippt. Dieser Brauch entstand aus der Vorstellung früherer Jahrhunderte, dass die Seele durch den Mund des Verstorbenen in den Himmel entweicht. Außerdem hat das

Öffnen des Fensters einen praktischen Grund: Frische Luft tut in so einem Moment gut. Der Mensch kann aufatmen.

Aus dem Aberglauben heraus hat sich der Brauch entwickelt, dem Toten Mund und Augen zu schließen. So soll der Mensch zur Ruhe kommen und nicht als Wiedergänger mit den Hinterbliebenen in Kontakt treten. Heute schließt man, egal in welcher Religion, dem Verstorbenen Augen und Mund als Zeichen des Respekts.

Das Läuten der Toten- oder Sterbeglocke am Abend des Sterbetags zeigt an, dass von nun an ein Gemeindemitglied fehlt. Meist verwendet man für das Totengeläut die größte Glocke der Kirche.

Früher war es üblich, dass der Tote von den nahen Angehörigen gewaschen, hergerichtet und im Sterbezimmer aufgebahrt wurde. Heute übernehmen Bestattungsunternehmen die Versorgung des Verstorbenen.

Wenn der Tod zu Hause eintritt, muss der Arzt den Totenschein ausstellen, aber der Verstorbene kann bis zu 36 Stunden im häuslichen Rahmen aufgebahrt werden. So können Angehörige, Freunde und Nachbarn in Ruhe Adieu sagen und das Unbegreifliche realisieren. Ist der Verstorbene im Krankenhaus oder Pflegeheim verblichen, gibt es die Möglichkeit, den Toten dort aufzubahren oder in die eigene Wohnung zu überführen.

Nachdem der Sarg in das Grab hinabgelassen worden ist, geht die Trauergemeinde am offenen Grab vorbei und erweist dem Toten die letzte Ehre. Früher war es üblich, dass jeder Trauergast eine Handvoll oder ein Schäuflein Erde in das Grab warf; es sollte die Vergänglichkeit des Körpers symbolisieren.

Das Geräusch, wenn die Erde auf den Sarg fällt, wird von vielen Trauernden als bedrückend und beklemmend empfunden. Deshalb ist es heutzutage nicht unüblich, anstelle der Erde eine Schale mit Blumen, Blütenblättern oder Sand neben dem Grab bereitzustellen. Als Ersatz.

Der Leichenschmaus oder Beerdigungskaffee ist eine der ältesten Traditionen. Beim gemeinsamen Essen oder Kaffeetrinken im Anschluss an die Trauerfeier geht es vorrangig darum, im Gedenken an den Verstorbenen zusammen zu sein. Das Totenmahl soll den Angehörigen zeigen, dass sie nicht allein sind und das Leben weitergeht. Es bietet einen Rahmen, um sich an den verstorbenen Menschen zu erinnern, Anekdoten zu erzählen. Die Gespräche helfen den Hinterbliebenen, ihren Verlust zu verarbeiten. Früher hatte die Tradition einen praktischen Sinn: Verwandte, die von weither angereist waren, und auch die Sargträger, die schwere körperliche Arbeit verrichtet hatten, konnten sich stärken.

Die Trauer drückt sich auch durch besondere Kleidung aus. In früheren Zeiten war in Europa die Farbe Weiß üblich. Erst mit der Mode des weißen Brautkleids im 19. Jahrhundert hat sich Schwarz als Trauerfarbe durchgesetzt. Auch wenn sich die Auffassungen heutzutage gelockert haben, ist auf angemessene Kleidung zu achten. Nahe Angehörige wählen schwarze Kleidung. Immer öfter sind aber auch gedeckte Farben wie dunkles Blau, Grau oder Braun auf Beerdigungen zu sehen. In manchen Fällen hat sich der Verstorbene zu Lebzeiten ausdrücklich gewünscht, dass zu seiner Beerdigung keine schwarze Kleidung getragen werden soll. Man möge bunt kommen, so farbenfroh wie möglich. Früher war es im Trauerjahr Usus, Trauerkleidung zu tragen. Es war genau festgelegt, ab wann graue und weiße Accessoires zur schwarzen Kleidung dazukommen durften. Heute wird indes nicht mehr erwartet, dass diese strengen Vorgaben eingehalten werden.

Ob Jogginghose oder Wintermantel, textiles Bedauern gehört der Vergangenheit an.

Sowohl in der katholischen als auch in der evangelischen Kirche gedenkt man der Verstorbenen mit Seelenämtern und Gottesdiensten. Rund sechs Wochen nach dem Tod feiern Christen das Sechswochenamt. Diese Zeitspanne lehnt sich an die vierzigtägige Fastenzeit vor Ostern an. Das Sechswochenseelenamt definiert den Abschluss der ersten Trauerphase und verweist auf die Auferstehung Jesu, die Überwindung des Todes. Ein Jahr nach dem Tod bildet die Zeremonie des Jahresgedächtnisses den Abschluss des Trauerjahres. Dann ist Schluss.

Seelenämter werden von den Angehörigen angemeldet, dazu eingeladen werden Verwandte und Freunde. Außerdem gibt es gesetzliche Feiertage, um sich an die Toten zu erinnern. Am 2. November – Allerseelen. An diesem Tag oder schon am Nachmittag des Vortages, dem Hochfest Allerheiligen, schmücken Verwandte die Gräber der Angehörigen und zünden das sogenannte Seelenlicht an, welches das Ewige Licht symbolisiert. Der Feiertag Allerseelen geht auf Abt Odilo von Cluny zurück, der 998 anordnete, an diesem Tag für die Seelen der Toten zu beten. Dem Abt von Cluny schenkte man Gehör. Die phonetische Ähnlichkeit zu George Clooney ist rein zufällig.

In der evangelischen Kirche wird am letzten Sonntag des Kirchenjahres, dem Ewigkeits- oder Totensonntag, der Gedenktag für die Verstorbenen gefeiert. Während des Gottesdiensts verliest man die Namen der in diesem Jahr Verstorbenen. Mancherorts werden die Angehörigen zu Messen auf dem Friedhof eingeladen. Üblicherweise sind die Gräber mit Gestecken und Blumen geschmückt. Der Totensonntag geht auf König Friedrich Wilhelm II. von Preußen zurück. Im Gegensatz zur katholischen Kirche gab es im evangelischen Kirchenjahr keinen Feiertag zum Totengedenken. Deshalb bestimmte Friedrich Wilhelm 1816 den letzten Sonntag im Kirchenjahr zum Gedenktag für die Verstorbenen. Einem König widerspricht man nicht.

Der Bund der Freimaurer hat übrigens eine eigene Verabschiedungszeremonie: das Rosenritual.

Drei Brüder legen drei verschiedenfarbige Rosen feierlich auf den Sarg oder auf eine andere zeremonielle Unterlage. Dabei rezitieren sie Verse, die dem Gedicht *Nachruf* von Ludwig Uhland entlehnt sind. Das Ritual findet entweder in einer Freimaurerloge im Rahmen einer sogenannten Tempelarbeit oder öffentlich bei der Verabschiedung des Toten vor seiner Beisetzung oder Einäscherung statt.

Rosen spielten Anfang des 19. Jahrhunderts im Schröderschen Ritual der Freimaurer für das Johannisfest zur Sommersonnenwende eine zentrale Rolle: Der Tempel ist strahlend erleuchtet und reich mit Rosen geschmückt. Der Zeremonienmeister hält eine Schale mit Rosenblütenblättern und für jeden Bruder einen Ansteckstrauß bereit – mit drei Rosen in drei Rottönen.

In der Zusammenstellung dieser drei Johannisrosen werden die drei Farben nach Johann Gottfried Herder als Licht, Liebe und Leben gedeutet. Die drei Worte stehen auch auf der Grabplatte Herders, umrahmt vom Ouroboros, einem alten Bildsymbol mit einer Schlange, die sich in den eigenen Schwanz beißt und mit ihrem Körper einen geschlossenen Kreis bildet. Das ist eine erste, wenn auch sehr vage Verbindung der Rosen mit dem Tod.

Die drei Farben der Rosen haben liturgische Bedeutung. Ludwig Uhlands Großvater war Diakon und Professor für

Theologie an der Eberhard Karls Universität in Tübingen, sein Vater war dort Universitätssekretär. Er stammte aus einer evangelischen »altwürttembergischen Familie von bürgerlich-gelehrtem Zuschnitt«. Die Liturgie war ihm wohlvertraut.

Von Ludwig Uhland (1787–1862) stammt das Gedicht *Nachruf*, in dem fünf Rosen in den Farben Rosa, Dunkelrot und Weiß auf das Grab seiner Mutter gepflanzt werden. Die ersten fünf Strophen dieses Gedichtes sind im Jahre 1831 entstanden, dem Todesjahr seiner Mutter Elisabeth; die sechste Strophe im Jahre 1834. Es handelt sich um den Nachruf auf seine Mutter. Die Rosen kommen in der vierten Strophe des Gedichtes vor. Dort heißt es:

»Du warst mit Erde kaum bedeckt,
Da kam ein Freund heraus,
Mit Rosen hat er ausgesteckt
Dein stilles Schlummerhaus.
Zu Haupt zwei sanfterglühende,
Zwei dunkle niederwärts;
Die weiße, ewig blühende,
Die pflanzt' er auf dein Herz.«

Am Grab der Mutter werden also fünf Rosen gepflanzt, zwei *sanfterglühende* am Kopfende, zwei dunkle am Fußende und eine weiße dort, wo das Herz schlug.

Die sanft erglühenden Rosen: In einigen lutherischen Gemeinden legt man zu den Sonntagen Gaudete (dritter Adventssonntag) und Laetare (dritter Sonntag vor Ostern) die Farbe Rosa auf. Der Sonntag Laetare steht in der Mitte der Fastenzeit und hat einen fröhlicheren, tröstlichen Charakter. Das wird in der Tradition durch eine abweichende liturgische Farbe der Paramente ausgedrückt. Das Violett der Fastenzeit kann an diesem Tag zu Rosa aufgehellt werden, das österliche

Weiß strahlt gewissermaßen schon hindurch. Für den Gaudete-Sonntag gilt das analog.

Die dunklen Rosen: Gemeint ist die liturgische Farbe Violett. Das ist die Farbe für die Vorbereitungszeit auf hohe Christusfeste wie den Advent oder die Passionszeit vor Ostern. Da es keine violetten Rosen gibt, ist diese Rose im Ritual dunkelrot.

Die weiße, ewig blühende Rose: Weiß ist die Farbe des Lichts. Man trägt sie zu Hochfesten wie Ostern. Es ist die Farbe der Auferstehung und des ewigen Lebens. Weiß wird deswegen auch bei Bestattungen aufgelegt. Die drei Farben stehen in engem Zusammenhang mit Tod und Auferstehung. Und die Zahl fünf, die sich aus den vier Ecken des Grabes und der Stelle des Herzens ergibt, entspricht den fünf Wundmalen Christi bei seinem Tod am Kreuz.

Hier noch das gesamte Gedicht aus der Feder Uhlands:

1.

Du, Mutter, sahst mein Auge trinken
Des ird'schen Tages erstes Licht;
Auf dein erblassend Angesicht
Sah ich den Strahl des Himmels sinken.

2.

Ein Grab, o Mutter, ist gegraben dir
An einer stillen, dir bekannten Stelle,
Ein heimatlicher Schatten wehet hier,
Auch fehlen Blumen nicht an seiner Schwelle.
Drin liegst du, wie du starbest, unversehrt,
Mit jedem Zug des Friedens und der Schmerzen;
Auch aufzuleben ist dir nicht verwehrt:
Ich grub dir dieses Grab in meinem Herzen.

3.
Verwehn, verhallen ließen sie
Den frommen Grabgesang;
In meiner Brust verstummet nie
Von dir ein sanfter Klang.

4.
Du warst mit Erde kaum bedeckt,
Da kam ein Freund heraus,
Mit Rosen hat er ausgesteckt
Dein stilles Schlummerhaus.
Zu Haupt zwei sanfterglühende,
Zwei dunkle niederwärts;
Die weiße, ewig blühende,
Die pflanzt' er auf dein Herz.

5.
Zu meinen Füßen sinkt ein Blatt,
Der Sonne müd, des Regens satt;
Als dieses Blatt war grün und neu,
Hatt ich noch Eltern, lieb und treu.
O wie vergänglich ist ein Laub,
Des Frühlings Kind, des Herbstes Raub!
Doch hat dies Laub, das niederbebt,
Mir so viel Liebes überlebt.

6.
Die Todtenglocke tönte mir
So traurig sonst, so bang;
Seit euch geläutet ward von ihr,
Ist sie mir Heimathklang.

Der Bestatter im Ruhestand

Hier, sagt er, wird man von der Pike auf eingeschult. Bestatter ist kein Beruf, sondern eine Berufung. Das WIFI nimmt einem die Meisterprüfung ab, man fängt bei null an und endet als Generalist. Ausbildung in Stressmanagement, Supervision ist verpflichtend, die Designeranzüge werden in Italien maßgeschneidert. In das Berufsbild des Bestatters wurde viel Energie und Einsatz investiert. Bewerber kommen ab 25 Jahren aufwärts. Oft bleiben jahrelange Beziehungen zu den Kunden; diese kämen auch nach Jahren noch auf einen Kaffee vorbei, wenn sie zum Friedhof gehen.

In Kärnten zum Beispiel haben immer zwei Kollegen Bereitschaft: in Klagenfurt, Villach und St. Veit. Im Todesfall wird die Bestattung angerufen und organisiert dann den Totenbeschauer. Bestatter müssen rund um die Uhr ausfahren. Man kann bei der Gemeinde anrufen und den Leichnam 24 Stunden zu Hause aufbahren.

Die Geschichten, die der Mann erzählt – er ersucht, seinen Namen nicht anzuführen –, haben einen ganz eigenen Humor. Schwarz, wie es sich gehört. Bei einem Glas Sauvignon blanc erzählen sie sich leichter.

»Ich war ganz jung und erst kurz dabei, und wir hatten eine Überführung ins Mölltal. Der Fahrer, der dabei war, war sehr erfahren und kannte sich aus. Wir brachten den Toten ins Zimmer, der Sargdeckel wurde geöffnet, die Witwe schaute in den Sarg und schrie: ›Das ist nicht der Peppi!‹

Das ist das Schlimmste, was einem passieren kann. Ich war wie gelähmt und wusste nicht, was ich in dem Moment tun sollte. Der Fahrer fragte, ob jemand hier sei, der mehr wüsste.

Tatsächlich war ein Arzt vor Ort. Wir konnten den Toten ausziehen und nachsehen, ob er ein bestimmtes Merkmal hatte. Es war dann doch der Richtige. Manche Menschen verändern sich so stark, dass sogar die eigene Frau sie nicht erkennt. Ich habe als Erstes den Zettel am Fuß kontrolliert, ob der richtige Name draufstand. In meiner gesamten beruflichen Laufbahn ist es nie zu einer Verwechslung gekommen.

Sachen passieren, freilich.

Da ist einmal eine prominente Persönlichkeit im Sommer verstorben und das Begräbnis wurde organisiert. Auf einem Friedhof gibt es beim Grab sogenannte Versenker, auf die der Sarg gestellt wird. Eine Rutschkupplung sorgt dafür, dass der Sarg sich langsam absenkt. Je mehr Gewicht, desto weiter dreht sie sich nach außen, stellt aber immer die gleiche Geschwindigkeit sicher. Nur Wasser oder Öl dürfen nicht draufkommen, dann funktioniert es nicht mehr. In diesem Fall war allem Anschein nach Wasser draufgekommen, denn als wir den Sarg draufgestellt hatten, stürzte er auf einmal in die Tiefe.

Zwei Tage später kam die Witwe, um zu bezahlen, und bedankte sich für die gute Arbeit. Sie sagte: ›Es hat alles so toll funktioniert. Mir ist nur aufgefallen, dass der Sarg ziemlich schnell versenkt wurde.‹

Das Gute dabei ist, dass sich nur wenige Menschen mit der Materie auskennen, so kann man viele Sachen kaschieren. Kleinere Fehler fallen oft gar nicht auf. Den Angehörigen selbst fallen die Fehler fast nie auf, wenn überhaupt, dann meist einem weitläufigen Verwandten.

Eine Frau sagte einmal zu mir: ›Die Glocken haben nicht geläutet.‹ Ich fragte beim Glockenläuter nach und dieser behauptete, dass sie sehr wohl geläutet hätten. Ich habe den

Pfarrer angerufen und nachgefragt. Auch er meinte, dass die Glocken geläutet hätten. Das wurde der Dame mitgeteilt, die darauf sagte: ›Der Onkel Leo hat sie nicht gehört.‹«

1973 startete unser Interview-Partner seinen Job als Bestatter, seit vierzehn Jahren ist er in Pension.

»Mich fragen heute noch viele Menschen, was zum Beispiel irgendeine Leistung im Zusammenhang mit einem Begräbnis kostet und so weiter. Ich kann das nicht mehr beantworten. Im Laufe der Zeit ist alles teurer geworden und die alten Preise weiß ich auch nicht mehr. Seit die Computer eingeführt wurden, wusste man die Preise sowieso nicht mehr auswendig.«

Ja, die Zeiten haben sich geändert.

»Früher gab es viel weniger Verbrennungen, nur rund 15 Prozent aller Bestattungen. Die Kirche beziehungsweise die Pfarrer waren gegen die Verbrennung, das war eine Sünde. Ältere Landpfarrer beispielsweise sind nicht zum Begräbnis gekommen, wenn jemand sich verbrennen hat lassen. Man musste sich dann um einen anderen Pfarrer umsehen. Einen, der nicht so erzkonservativ war. Erst beim Zweiten Vatikanischen Konzil hat Johannes XXIII. gesagt, dass das Verbrennen keine Sünde ist. Danach haben es die Pfarrer auch langsam akzeptiert.

Als meine Mutter 2011 verstorben ist, sagte ich zu meiner Arbeitskollegin: ›Die Urne werde ich selbst beisetzen – wie ich es bei meinem Vater gemacht habe.‹ Sie wollte mir die Urne aber nicht geben und nannte auch den Grund. Folgendes war passiert: Da ist ein Slowene gekommen, der zwei Urnen in Österreich hatte; die Toten waren vorher in Villach eingeäschert worden. Normalerweise musste so etwas immer mit der Post geschickt werden, meine Arbeitskollegin hat sie ihm jedoch mitgegeben. Bei der Rückreise konnte er wegen starken Schneefalls nicht über den Loiblpass fahren und ist umgekehrt. Zwei Tage später spazierte jemand in Klagenfurt auf der Völkermarkter Straße über die Sattnitz-Brücke, sah einen verdächtigen Gegenstand und vermutete eine Bombe. Der Passant verständigte die Polizei. Das Entminungskommando von Graz musste anrücken. Die Männer mit den schweren Schutzanzügen fanden dann statt einer Bombe die zwei Urnen. Der Slowene hatte sie einfach in die Sattnitz geworfen. Seitdem dürfen wir keine Urne mehr mitgegeben. Sie werden mit der Post verschickt, normal als Paket, mit dem Vermerk: ›pietätvoll behandeln‹.

Früher sind wir ziemlich weit mit dem Auto gefahren – oft bis Athen, Hamburg, München, Berlin, Paris – und haben einen Sarg mit einem Leichnam überstellt; wie gesagt, nur Urnen wurden verschickt. Die Fluggesellschaften haben zum Kilopreis des Sarges einen Aufschlag von 200 Prozent verrechnet, also hat es das Dreifache gekostet. Sie wollten keine Toten und auch keine Särge transportieren. Wegen der anderen Passagiere musste der Leichnam nämlich in einer speziellen Flugtransportkiste transportiert werden, über die ein Tuch darübergelegt wurde. Die Turkish Airlines haben bei türkischen Staatsangehörigen den Sarg zum Normalpreis mitgenommen. Später haben die anderen Fluggesellschaften nachgezogen, der Preis wurde günstiger.

Einer meiner Kollegen hat immer am Klagenfurter Flughafen angerufen und gefragt: ›Wie groß ist die Ladeluke?‹ Wenn die Antwort ›60 x 40‹ lautete, nahm er extra eine Kiste mit 65 x 45, damit sie nicht hineinpasste. Als der Chef draufgekommen ist, hat man ihm das offiziell und im Rahmen einer Rüge verboten. Bestatter kündigt man nicht so schnell.

Ab da kam es also zu Überstellungen mit dem Flugzeug. Aber einmal gab es wieder ein Problem: Ein Leichnam hätte nach England gebracht werden sollen, es ist aber zu einer Verwechslung gekommen. Der Leichnam wurde zuerst nach Australien transportiert, von dort nach Brüssel und erst von Brüssel zum Bestimmungsort in England. Die Angehörigen haben immer wieder angerufen und nachgefragt, wo denn der Opa sei, denn das Begräbnis wäre schon längst fertig geplant. Der Opa war fast eine Woche unterwegs.

Auch ich bin einmal nach Santiago in Spanien geflogen. In München am Flughafen musste ich umsteigen und die Stewardess sagte zu mir: ›Santiago de Chile!‹ Sie hat nur Santiago gelesen und gleich Chile damit verbunden. So eine Verwechslung wird es da auch gegeben haben. Australien statt England.

Als in Bosnien Krieg herrschte, gab es sehr viele Überführungen. Unsere Bestattung in Kärnten und ein Frankfurter Kollege überführten Serben, Kroaten und Bosnier. Die Serben sind nicht zu den Kroaten gefahren und ein Kroate nicht zu einem Serben. Wir Österreicher waren neutral, und als wir den ersten Auftrag erhielten, war Krieg in Kroatien. Ich habe den Auftrag relativ unbedacht entgegengenommen. Weil dort Krieg herrschte, bin ich selber gefahren; wir waren zu zweit. Dort haben sie mit Autos Sperren errichtet und die Panzer sind darüber gerollt. Wir waren mit einem Mercedes vor Ort. Ich hatte Angst, dass sie das Auto beschlagnahmen.

Als wir den nächsten Auftrag erhielten, habe ich meinen Chef angerufen und ihm die Situation erklärt. Er würde das mit dem technischen Direktor besprechen, meinte er. Die Leute kamen dann und ich rief ihn noch einmal an. Da wir die Kosten für die Beerdigung immer im Vorhinein kassierten, sagte ich nur : ›Sie stehen schon mit dem Geld da. Wenn ich es annehme, müssen wir fahren.‹ Er sagte: ›Ich habe noch nicht mit dem Direktor gesprochen. Wer würde denn fahren?‹ ›Ich‹, antwortete ich. ›Nimm das Geld!‹, sagte er.

In meiner Karriere war ich bestimmt fünfzehn, zwanzig Mal in Bosnien. Ein Kollege von mir hatte große Angst. Trotzdem ist er jedes Mal mitgefahren, wenn er Zeit hatte. Einmal hat uns in Bosnien ein Mann auf der Straße aufgehalten.

Er sagte, dass wir nicht weiterfahren sollten, weil gestern Serben vor Ort gewesen seien und es gefährlich sei. Wir haben aufgepasst und sind ein Stück weitergefahren. Auf einer Kreuzung stand ein kroatischer Polizist. Er meinte, dass wir ruhig weiterfahren könnten. Danach wurden wir wieder von einem Mann angehalten. Der sagte, dass wir auf den nächsten zehn Kilometern aufpassen sollten. Dort seien serbische Scharfschützen postiert, die, da es schon finster war, auf die Fahrerseite schießen würden. Er meinte, ich solle den Kopf hin und her bewegen. Mein Kollege sprach nicht Kroatisch und hatte das nicht verstanden. Auf der Weiterfahrt fragte er mich: ›Wieso bewegst du dich so komisch?‹ Um ihn nicht zu ängstigen, sagte ich, dass ich von der Autofahrt Rückenschmerzen bekommen hätte.

Einmal flog ein Flieger über uns, der hat entweder geschossen oder eine Bombe abgeworfen. Mein Kollege versteckte sich. Ich sagte ihm, er solle nachschauen, was die anderen machen, die würden sich auskennen. Wenn die stehen blieben und hinaussprangen, dann würden wir das auch tun. Oder wenn sie weiterfuhren, dann würden auch wir weiterfahren. Die Wahrscheinlichkeit, getroffen zu werden, ist relativ gering, wenn mehrere Autos unterwegs sind.

In der Nacht fuhren wir auf der Autobahn nach Hause, es hat stark geregnet, wenig Verkehr. Die Serben haben vor Zagreb ein Stück Land besetzt, auch auf der Autobahn. Plötzlich stand vor uns ein Auto mit eingeschalteter Warnblinkanlage und mein Kollege schrie: ›Eine Falle! Eine Falle!‹ Ich fuhr langsamer und dachte, das andere Auto würde mit eingeschalteter Warnblinkanlage auf der Seite stehen, damit ich es im Regen sehen konnte. Wir fuhren weiter und wurden von einem Polizisten aufgehalten. Er kontrollierte unsere Papiere und ging weg, ohne etwas zu sagen. Wir fuhren weiter und ich dachte, dass wir bei gutem Verkehr um drei Uhr nachts zu Hause ankommen würden. Plötzlich sahen wir Licht auf der Autobahn und weiße Zelte. Wir blieben stehen: Da waren nepalesische UNO-Soldaten. Ein Offizier kam angeschlendert, mit dem ich mich dann über Österreich, die Berge und die gute Luft unterhielt. Mein Kollege dachte, wir würden verhaftet. Ich fragte, ob er den Serben sagen könne, dass wir nur durchfahren wollten. Das ging nicht, wir mussten zurückfahren. – Solche Erlebnisse hatten wir halt.

Einmal hat uns bei einer Leichenüberstellung ein Polizist in Serbien aufgehalten. Er war stark betrunken und deutete auf unser Auto. Ich dachte, er meinte das Licht, und zeigte ihm, dass es funktionierte. Mein Kollege sagte, er glaube, dass er die österreichische Nummerntafel meinte. Damals waren die Serben wegen der Anerkennung Sloweniens durch Österreich nicht gut auf uns zu sprechen. Um nicht umzufallen, hat der Polizist sich am Auto festgehalten. Ich habe dann die Heckklappe geöffnet, salutiert und gesagt: ›Srpska Madam!‹ (serbische Frau). Danach durften wir sofort weiterfahren. Als die Überführung beendet war, sind wir über Ungarn nach Hause gefahren.

33 Jahre habe ich in der Bestattung gearbeitet. Man hat mir eine Stelle im Fernheizwerk angeboten, mit der Option, dass ich dort Chef werden könnte, d. h. ich hätte dort maximal Lagerleiter werden können. Ich wollte drei Monate Bedenkzeit. Ich hatte zuvor erst einmal einen Toten gesehen, und zwar beim Bundesheer. Damals hat ein Militärpolizist am ersten Panzer Klimmzüge gemacht, der Kommandant ist ausgestiegen, hat vergessen zu sichern und kam beim Abzug an – naja.

Dann ist es doch die Bestattung geworden. Interessanter Job. 25 Jahre war ich Chef. Es war ein Vorteil, dass ich öfter bei den Überstellungen mitgefahren bin. Ich habe gesagt, wenn sie keinen Zweiten finden, dann können sie mich anrufen. Jederzeit.

Einmal wurde jemand im Sommer in seiner Wohnung erst drei Wochen nach seinem Tod gefunden. Ein Kollege hat mich angerufen und wir mussten die Leiche holen. Beim Anheben ist aus dem Leichnam eine schwarze Substanz ausgetreten und große weiße Würmer. Nicht fein. Mein Kollege hatte Handschuhe dabei, ich hatte keine. Ich habe probiert, den Toten an seiner Hose aufzuheben, hat nicht funktioniert. Ich musste ihn angreifen und in die Blechwanne legen. Ich hatte seine Haut an den Händen kleben, konnte mir die Hände aber nicht waschen, weil es in der Wohnung kein Wasser gab. Ich fragte bei der Nachbarin, ob ich mir die Hände waschen dürfe. ›Kommen S' nur, hat sie gesagt.‹

In dem Beruf braucht man ein dickes Fell. Jeden Tag mit Leichen zu arbeiten, wäre nichts für mich gewesen. Autofahren war Abwechslung. Andere sagen wieder, dass sie mit traurigen Menschen nicht arbeiten möchten. Wenn die Angehörigen weinen und traurig sind, ist das normal.

Einmal ist eine Mutter mit ihren zwei Töchtern zu uns gekommen. Der Mann beziehungsweise Vater war verstorben. Sie sind auf einer Bank gesessen und hatten Spaß, haben gelacht und sagten: ›Weißt noch, als der Papa vom Stuhl gefallen ist?‹ Damals dachte ich mir, sollte das öfter vorkommen, muss ich die Arbeit wechseln, da weißt du nämlich nicht, wie du reagieren sollst. Soll man hier mitlachen oder nicht? Manche Menschen benehmen sich in dieser Situation einfach witzig. Dann versucht man, das Lachen zu unterdrücken, geht in die Küche und kichert leise. Man stellt sich vor den Spiegel, macht ein ernstes Gesicht und geht zurück. Mit der Zeit funktioniert es, dass man wieder ernst sein kann.

Ein Seelentröster muss man sein. Ja, es wird einem sehr viel erzählt, die intimsten Dinge. Die Trauerenden müssen mit jemanden reden, wollen Dinge einfach loswerden. Am besten ist es, wenn man das gleich wieder vergisst.

Der Job ist sehr abwechslungsreich. Du hast mit allem zu tun: mit völlig schweigsamen Menschen, die einem alles überlassen und nichts reden – sehr mühsam. Dann gibt es wieder Menschen, die nicht aufhören zu reden, die du unterbrechen musst, damit man weiterkommt. Aber der Großteil ist normal.

Ach ja, zum Schluss noch eine Anekdote. Der Wächter auf einem Friedhof – der Mann, der bei der Aufbahrung aufpasst und die Blumen dann zum Grab führt – war so stark alkoholisiert, dass er mitsamt dem Blumenwagen umgefallen ist. Die Angehörigen haben das gesehen und sich fürchterlich beschwert. Meine Kollegin sagte zu ihnen: ›Er hat gar nicht nach Alkohol gerochen. Sie haben ihm vier Zähne gerissen, er sollte eigentlich im Krankenstand sein. Er hat sich aber freiwillig bereit erklärt, die Arbeit heute zu übernehmen. Wahrscheinlich ist ihm schlecht geworden und er ist deswegen mit dem

Blumenwagen umgefallen.‹ Danach haben wir von den Angehörigen 500 Schilling Trinkgeld bekommen; das in die Gemeinschaftskassa gekommen ist. Damals war ich noch nicht lange dabei und dachte mir: Man muss gute Ausreden haben, dann funktioniert das!

Die letzte Liste

100 Fragen, die zu Lebzeiten für ein ruhiges Gewissen sorgen.

1) Haben Sie eine Checklist mit Dingen, die Sie im Leben noch machen wollen?
2) Haben Sie sich mit dem Tod auseinandergesetzt?
3) Was bedeutet der Tod für Sie persönlich?
4) Was sagt Ihre Familie zu diesem Thema?
5) Reden Sie mit Freunden über das Ende?
6) Haben Sie Vorsorgemaßnahmen getroffen?
7) Haben Sie ein Testament gemacht?
8) Haben Sie eine Patientenverfügung gemacht?
9) Haben Sie mit Ihrem Arzt über den Tod gesprochen?
10) Wollen Sie Ihre Organe der Medizin zur Verfügung stellen?
11) Nehmen Sie sich Zeit zu meditieren?
12) Sind Sie bei dem Gedanken ans Sterben unruhig oder ausgeglichen?
13) Sind Ihre Alltagsprobleme wirklich gravierend?
14) Haben Sie Angst vor dem Tod?
15) Gibt es ein Leben danach?
16) Würden Sie gern ewig leben?
17) Haben Sie den Sinn in Ihrem Leben gefunden?
18) Haben Sie das gemacht, was Sie machen wollten?
19) Was vermissen Sie am meisten?
20) Was hat Sie weitergebracht?
21) Was war der beste Rat, den Sie je bekommen haben?
22) Welchen Rat würden Sie weitergeben?
23) Was hat Sie geprägt?
24) Wer war Ihre erste Liebe?

25) Wer war Ihre große Liebe?
26) Was hat wehgetan?
27) Worüber haben Sie gelacht?
28) Was war Ihr größtes Abenteuer?
29) Was haben Sie am liebsten gemacht?
30) Aus welcher Familie kommen Sie?
31) Wie waren Sie in Ihrer Jugend?
32) Wie haben Sie sich verändert?
33) Was mögen Sie an sich am meisten?
34) Was mögen Sie an sich gar nicht?
35) Was haben Sie gelernt?
36) Woran hängt Ihr Herz?
37) Wie sehen Sie die Welt?
38) Welche Menschen waren wichtig für Ihren Weg?
39) Woran glauben Sie?
40) Haben Sie Gutes getan?
41) Was bereuen Sie?
42) Was ist für Sie Sünde?
43) Was waren Ihre dunkelsten Stunden?
44) Wie haben Sie Schmerz gemeistert?
45) Worum haben Sie getrauert?
46) Was war Ihr Glück?
47) Was war gerade noch ein Glück?
48) Was geschah in Ihren Zwanzigern?
49) Was geschah in Ihren Dreißigern?
50) Was geschah in Ihren Vierzigern?
51) Was geschah in Ihren Fünfzigern?
52) Was geschah in Ihren Sechzigern?
53) Was geschah in Ihren Siebzigern?
54) Was geschah in Ihren Achtzigern?
55) Woher nehmen Sie Ihre Kraft?

56) Was würden Sie nie wieder tun?
57) Was würden Sie immer wieder tun?
58) Was möchten Sie nie wieder tun müssen?
59) Was wollen Sie noch einmal erleben?
60) Wofür haben Sie sich geniert?
61) Wofür haben Sie sich gehasst?
62) Was hat Sie erfüllt?
63) Was konnten Sie nie leiden?
64) Wer oder was hat Sie beeindruckt?
65) Wer hat Sie beeinflusst?
66) Was macht Ihnen Angst?
67) Was war Ihr peinlichstes Erlebnis?
68) Sind Sie schadenfreudig?
69) Waren Sie schon einmal jemandem etwas neidig?
70) Worauf sind Sie am meisten stolz?
71) Was war die verrückteste Idee, die Sie je hatten?
72) Welchen Traum aus der Kindheit haben Sie verwirklicht, welchen nicht?
73) Was war Ihre schlimmste Reiseerfahrung und warum?
74) Was war Ihr größter Stress?
75) Was war Ihre größte Lüge?
76) Was war Ihre größte Enttäuschung?
77) Was war Ihr größter Fehltritt?
78) Was war Ihre beste Zeit?
79) Was haben Sie nie verstanden?
80) Was macht Sie aus?
81) Worin wurden Sie verkannt?
82) Wo haben Sie sich durchgeblufft?
83) Welche Streiche haben Sie anderen gespielt?
84) Was können Sie am besten?
85) Was können Sie gar nicht?

86) Was könnten Sie gern?
87) Was waren Ihre größten Erfolge?
88) Möchten Sie das Datum Ihres Todes kennen?
89) Wie würden Sie am liebsten sterben?
90) Angenommen, Ihr Leben würde morgen enden: Was tun Sie heute, am letzten Tag?
91) Haben Sie das Gefühl, bis jetzt ein gutes Leben geführt zu haben?
92) Haben Sie in Ihrem beruflichen Umfeld den Tod schon thematisiert?
93) Was wollen Sie bis zum Zeitpunkt Ihres Todes ändern?
94) Wie wären Ihre letzten Worte?
95) Wie soll Ihr Begräbnis aussehen?
96) Welches Lied soll gespielt werden?
97) Könnten Sie ihn schreiben, wie würde Ihr Nachruf lauten?
98) Wie sieht Ihr Andenken aus?
99) Wie sollen Sie geliebte Menschen in Erinnerung behalten?
100) Wodurch gerät Ihr Name nicht in Vergessenheit?

Jemand wartet

Hinter dem Berg Athos geht die Sonne auf.

Es ist ganz still.

Eine Möwe kreist am Himmel, kreischt dreimal, fliegt weiter, als hätte sie ein Ziel.

Der Berg, die Aussicht, das Meer.

Das orangerote Band am Horizont.

Kein Windhauch.

Atemberaubend schön.

Die Luft mit einer Reinheit, die alle Lungen füllt und jeden Geist klärt.

Alles strömt Kraft aus und Ruhe.

Das kommt einem bekannt vor, diese Kraft, diese Ruhe.

Am Fuße des Bergs legt wieder ein Schiff an. Besucher betreten das Land, sehen sich um, nehmen Eindrücke in sich auf. Ehrfurcht und Erwartung. Der Skipper legt ab. Die Besucher machen sich auf den Weg. Ein Pfad führt hinauf auf den Berg. Vier Tage Urlaub, länger nicht. Vielleicht nimmt sich der Eremit wieder Zeit für ein Gespräch.

Das Kloster.

Ein Pilger bekommt zur Begrüßung Tee und Brot gereicht. Der Mönch zeigt ihm sein Zimmer und zieht sich zurück.

Der Gong der alten Zarenglocke klingt weit über den Berg Athos hinweg.

Edler Schall.

Alles ist mit Schwingungen verbunden. Unsichtbare Fäden, die die Zeit verweben.

Jemand atmet.

Ein. Und aus.

Ein Novize geht durch das Gästehaus und wird zur Versammlung in der Kirche gerufen. Morgenliturgie. Die Mönche machen sich auf zum Mahl. Alles beginnt mit einem Gebet. Der Mensch nimmt die Natur in sich auf. Obst, Gemüse, getrocknete Feigen, Krautsuppe, Fisch.

In der Kirche verbringen die Besucher neun Stunden. Vierstimmige Choräle bei Kerzenlicht. Sie gleiten in eine tiefe Meditation. Alle sind mit sich im Reinen, abgeschirmt von äußeren Einflüssen. Das Innere füllt sich mit einem warmen Strom aus Liebe und Geborgenheit.

Ermolaos sitzt im Vorraum der Kirche.

Er hält ein Buch in der Hand. Liest darin. Er lächelt, hebt den Kopf und sieht dir in die Augen.

»Ach, du bist wieder da«, sagt er. »Komm, lass uns anfangen.«

Dieses Buch haben wir dem Leben geschenkt.
Schätzen wir jeden Atemzug.
Genießen wir jeden Augenblick.
Schmecken wir dieses Glück.
Im Jetzt.

Es folgt ein Bildteil mit Arbeiten des Künstlers Valentin Oman.

Valentin Oman – Biografie

1935	geboren in St. Stefan, Finkenstein, AT
1950–1958	Besuch des Gymnasiums Tanzenberg, AT
1958–1962	Studium an der Akademie für angewandte Kunst, Meisterklasse Hilde Schmid-Jesser, Wien, AT
1963	Spezialklasse für Druckgrafik an der Akademie für bildende Kunst bei Riko Debenjak, Laibach, SI
	Lebt und arbeitet in Wien und in Finkenstein.

www. oman-valentin.com